北京理工大学"双一流"引导专项经费资助

EQUITY INCENTIVE AND
MANAGER OPPORTUNISTIC BEHAVIOR:
A MANAGERIAL POWER PERSPECTIVE

股权激励实施中经理人机会主义行为

基于管理权力视角的研究

肖淑芳 著

北京理工大学出版社
BEIJING INSTITUTE OF TECHNOLOGY PRESS

版权专有　侵权必究

图书在版编目（CIP）数据

股权激励实施中经理人机会主义行为：基于管理权力视角的研究/肖淑芳著. —北京：北京理工大学出版社，2018.7
ISBN 978－7－5682－5874－6

Ⅰ.①股… Ⅱ.①肖… Ⅲ.①股权激励－研究 Ⅳ.①F272.923

中国版本图书馆 CIP 数据核字（2018）第 146057 号

出版发行／北京理工大学出版社有限责任公司
社　　址／北京市海淀区中关村南大街 5 号
邮　　编／100081
电　　话／（010）68914775（总编室）
　　　　　（010）82562903（教材售后服务热线）
　　　　　（010）68948351（其他图书服务热线）
网　　址／http：//www.bitpress.com.cn
经　　销／全国各地新华书店
印　　刷／三河市华骏印务包装有限公司
开　　本／710 毫米×1000 毫米　1/16
印　　张／15　　　　　　　　　　　　　　　责任编辑／多海鹏
字　　数／205 千字　　　　　　　　　　　　文案编辑／郭贵娟
版　　次／2018 年 7 月第 1 版　2018 年 7 月第 1 次印刷　责任校对／周瑞红
定　　价／49.00 元　　　　　　　　　　　　责任印制／王美丽

图书出现印装质量问题，请拨打售后服务热线，本社负责调换

前　言

　　关于公司经理人薪酬决定机理有两种不同的理论：最优契约理论与管理权力理论。最优契约理论强调薪酬契约的有效性和市场机制的合理性；管理权力理论则强调公司内部控制系统的无效性导致经理人利用管理权力谋取高额薪酬。

　　自20世纪80年代以来，以股票期权为代表的股权激励制度作为一种长期薪酬激励机制逐渐被企业接受，曾在美国盛行一时，并推动了美国以高技术产业为标志的新经济的发展。经理人股权激励设计的初衷是使经理人的利益与股东的利益趋于一致，通过经理人的努力来提高公司股票的价格，从而增加股东的财富。这在理论上是符合最优契约理论的，但大量证据表明，在股权激励计划实施过程中，经理人表现出各种各样的机会主义行为。因此，在实施股权激励的公司，其股票价格的上升并非完全由经理人的努力决定，而是努力和机会主义行为共同作用的结果，两者是此消彼长的关系。若经理人能够通过机会主义行为获得更多的股权激励收益，就不会努力工作，进而会影响股权激励的效果。

　　2005年12月31日证监会颁布了《上市公司股权激励管理办法（试行）》（以下简称《管理办法》）[①]，这是我国第一部关于上市公司股权激励的规范。在之后几年的股权激励实施过程中，上市公司经理人针对股权激励的机会主义行为屡见不鲜。因此，自《管理办法》颁布之后作为监管层的证监会和国资委先后又出台了一系列规范上市公司股权激励的文件，包括国资委、财政部于2006年1月联合颁布的《国有控股上市公司（境外）实施股权激励试行办法》以及2006年12月颁布的《国有控股上市公司（境内）实施股权激励试行办法》，2008年3月、9月证监会上市公司监管部先后发布的《股权激励有关事项备忘录1号》《股权激励有关事项备忘录2号》

---

①　2016年7月13日证监会发布了【第126号令】《上市公司股权激励管理办法》，本办法自2016年8月13日起施行。原《上市公司股权激励管理办法（试行）》（证监公司字〔2005〕151号）及相关配套制度同时废止。

和《股权激励有关事项备忘录 3 号》，2008 年 7 月、10 月国资委先后颁布的《关于规范国有控股上市公司实施股权激励有关问题的补充通知（征求意见稿）》和《关于规范国有控股上市公司实施股权激励制度有关问题的通知》。所规范的内容主要集中在激励对象的确定，行权价格的确定与调整，授权和行权考核指标的设定，公告日、授予日、行权日的确定，公司治理结构等问题上。而这些问题绝大多数都与约束经理人的机会主义行为有关。

学者们针对美国等西方发达国家股权激励实施过程中的经理人机会主义行为进行了广泛研究，发现经理人主要的机会主义行为包括回溯授权日，操纵行权前或出售前的盈余，操纵授权前、行权前或出售前的信息披露，采用股票回购代替现金股利支付，等等。与美国等西方发达国家相比，虽然股权激励的基本机理相同，但是中国监管层对股权激励的规范（如行权价格制定、业绩考核要求、个人所得税缴纳、信息披露等）有所不同，上市公司的内外部治理环境有所不同，经理人的薪酬组成等也有所不同。因此，中国上市公司股权激励实施中经理人可能采取的机会主义行为与美国等其他国家应该有所不同，具体表现在以下几个方面：

（1）行权价格的确定方法不同，导致操纵行权价的时间点不同。

（2）行权的等待期类型不同，导致中国上市公司经理人存在针对股权激励业绩考核的机会主义行为。

（3）针对股权激励的盈余管理方式不同。

（4）股票期权的股利保护类型不同，导致公司在股利政策选择上采取不同的机会主义行为。

（5）股票期权的个人所得税制度不同。

另外，中国上市公司股权结构最主要的特征表现为：对于国有控股企业来说，所有者缺位导致公司实质控制权转移到了管理层；对于民营控股企业来说，家族企业的特征决定了管理层的权力过于集中。这种公司治理结构下的管理层股权激励或薪酬机制很难真正解决委托代理问题。

在我国特殊的公司治理环境下，对我国上市公司股权激励实施中经理人的机会主义行为的识别、管理权力对经理人股权激励及其机会主义行为影响的分析是股权激励健康发展亟待解决的问题。因此，基于管理权力视角股权激励实施中经理人机会主义行为的研究，理论上能为我国上市公司股权激励实施中经理人机会主义行为的对象、时间、方式提供经验证据，实践上能为监管部门有效规范股权激励提供理论依据。

股权激励实施中经理人机会主义行为主要包括操纵股价和盈余管理。考虑到中国股权激励的特点，经理人针对股价的机会主义行为可以分为降低行权价、降低行权时的市价、提高标的股票出售时的市价，目的是最大化股权激励收益。采取的方式可能包括选择事件日（如公告日、行权日与解禁日、出售日）、选择性信息披露、盈余管理、股利分配等。我国股权激励等待期的类型绝大多是时间等待与业绩考核等待的结合，激励对象行权（股票期权）和解禁（限制性股票）在时间等待期满情况下同时必须业绩考核达标，业绩考核指标绝大多数是净资产收益率和基于授权日前一个年度的净利润增长率等会计盈余指标。经理人为了达到顺利行权和解禁的目的，有可能发生针对会计盈余的机会主义行为即盈余管理行为。

由于能够获取的数据与基金项目计划当初的设想发生了一些变化（如统一行权改变为自主行权、缺少高管行权后出售标的股票信息等），所以与行权日、出售日等有关的研究所需要的数据受到了一些限制，因此有一些研究成果还无法体现在本书中。本书的主要内容包括：高管管理权力理论与综合评价（第2章）；股利分配中，为了降低"行权价"而存在的机会主义行为（第3章）；行权日选择中，为了降低"行权日市价"从而减少个人所得税的机会主义行为（第4章）；为了降低行权（股票期权）和解禁（限制性股票）业绩达标难度而存在的针对行权业绩考核基期的盈余管理行为（第5章）；为了行权（股票期权）和解禁（限制性股票）业绩达标而存在的针对考核期业绩的盈余管理行为（第 6 章）；激励对象视角的股权激励方式选择上存在的机会主义行为（第 7 章）；除了以上内容外，还包括股权激励公司的媒体监督的公司治理作用（第 8 章）和媒体关注度对公司价值的影响（第 9 章）与再公告视角的股权激励保留人才效应的研究（第 10 章）。

    本书是国家自然科学基金面上项目（71172171）"管理权力视角下股权激励与经理人机会主义行为研究"的成果，以及国家自然科学基金面上项目（71672010）"权益薪酬契约对企业创新的影响机理与实证检验"的阶段性研究成果。本书在写作过程中得到了佟岩教授、张永冀副教授、刘宁悦博士的大力支持；石琦博士、喻梦颖、申玲、王亚男、刘洋、彭智佳、黄熠、刘颖、马锡润、付威、王刚、王婷、吴佳颖、李维维、胥春悦、刘晓阳、易肅、陈茜、刘珊珊等硕士参与了项目的研究；出版过程中得到了北京理工大学"双一流"引导专项经费的支持，在此一并表示感谢。由于作者水平有限，本书难免存在疏漏，恳请读者批评指正。

肖淑芳

目 录

第1章　绪论 ·· 001
   1.1　研究背景与研究意义 ··· 001
      1.1.1　研究背景 ·· 001
      1.1.2　中国股权激励实施中经理人机会主义行为的特点 ······ 004
      1.1.3　研究意义 ·· 007
   1.2　国内外研究现状 ·· 008
      1.2.1　国外研究 ·· 008
      1.2.2　国内研究 ·· 013
      1.2.3　国内外研究评述 ··· 017
   1.3　股权激励实施中经理人机会主义行为的分析 ··················· 018
      1.3.1　针对股价的机会主义行为分析 ································ 019
      1.3.2　针对会计业绩的机会主义行为分析 ························· 023
      1.3.3　管理权力、股权激励、机会主义行为之间的关系 ······ 023
      1.3.4　本书内容 ·· 024

第2章　管理权力的综合评价 ··· 026
   2.1　问题的提出 ··· 026
   2.2　管理权力综合评价指标体系的初步构建 ·························· 029
      2.2.1　管理权力在公司股权结构方面的体现 ····················· 029
      2.2.2　管理权力在总经理个人特质方面的体现 ·················· 030
      2.2.3　管理权力在董事会特质方面的体现 ························ 032
      2.2.4　管理权力在监事会特质方面的体现 ························ 033
   2.3　管理权力综合评价指标筛选及权重确定 ·························· 035
      2.3.1　指标筛选 ·· 035
      2.3.2　指标权重确定 ·· 036
      2.3.3　管理权力综合评价模型 ··· 038
   2.4　管理权力综合评价模型的检验 ······································· 039
      2.4.1　管理权力指数与薪酬差距关系的假设 ····················· 039

    2.4.2　假设检验的模型及变量 ·· 040
    2.4.3　管理权力指数的描述性统计分析 ····································· 040
    2.4.4　管理权力指数与薪酬差距的关系 ····································· 042
  2.5　本章小结 ·· 042

第3章　以降低行权价为目的的股利分配中的机会主义行为 ··············· 044
  3.1　问题的提出 ··· 044
  3.2　股利分配中的机会主义行为的理论分析与研究假设 ············· 046
  3.3　模型建立、变量定义与样本选择 ·· 051
    3.3.1　模型建立与变量定义 ·· 051
    3.3.2　样本选择 ··· 054
  3.4　实证结果及其分析 ·· 055
    3.4.1　股权激励与非股权激励公司股利支付水平的配对样本
          T 检验 ··· 055
    3.4.2　股权激励对送转股水平影响的回归分析 ························ 058
    3.4.3　稳健性检验 ··· 061
  3.5　本章小结 ·· 065

第4章　个人所得税视角的股权激励实施中的机会主义行为 ··············· 067
  4.1　问题的提出 ··· 067
  4.2　事件日选择的机会主义行为的理论分析与研究假设 ············· 069
  4.3　研究设计 ·· 074
    4.3.1　事件日与事件窗口的选择 ··· 074
    4.3.2　变量定义与计量 ·· 074
    4.3.3　模型的建立 ··· 080
    4.3.4　数据来源与样本选择 ·· 081
  4.4　实证结果及其分析 ·· 082
    4.4.1　异常收益率分析 ·· 083
    4.4.2　事件日选择的分析 ·· 089
    4.4.3　事件日选择与节税收益关系的分析 ································ 090
    4.4.4　稳健性检验 ··· 094

4.5 本章小结 ·········· 097

第5章 股权激励实施中针对考核基期的盈余管理 ·········· 100
5.1 问题的提出 ·········· 100
5.2 行权业绩考核指标设置的现状 ·········· 102
 5.2.1 行权业绩考核指标与标准的分析 ·········· 102
 5.2.2 行权考核基期及其业绩水平的分析 ·········· 103
5.3 研究设计 ·········· 105
 5.3.1 考核基期业绩存在盈余管理的理论分析与研究假设 ·········· 105
 5.3.2 变量定义及模型建立 ·········· 107
 5.3.4 样本选择与数据来源 ·········· 109
5.4 实证结果及其分析 ·········· 110
 5.4.1 经理人的盈余管理行为分析 ·········· 110
 5.4.2 股权激励、管理权力与盈余管理的回归分析 ·········· 111
 5.4.3 稳健性检验 ·········· 114
5.5 本章小结 ·········· 114

第6章 股权激励实施中针对行权考核期的盈余管理 ·········· 116
6.1 问题的提出 ·········· 116
6.2 行权前盈余管理的研究假设 ·········· 118
 6.2.1 股权激励计划中业绩考核指标的设计 ·········· 118
 6.2.2 针对行权业绩达标的盈余管理分析 ·········· 120
6.3 研究设计 ·········· 124
 6.3.1 变量定义 ·········· 124
 6.3.2 模型建立 ·········· 129
 6.3.3 样本选择与数据来源 ·········· 129
6.4 实证结果及分析 ·········· 130
 6.4.1 考核基期与行权考核期的盈余管理 ·········· 130
 6.4.2 股权激励与行权考核期的盈余管理 ·········· 134
6.5 本章小结 ·········· 136

第7章 激励对象视角的股权激励方式选择的机会主义行为 ········ 139

- 7.1 问题的提出 ········ 139
- 7.2 两种方式的基本特点与适用激励对象分析 ········ 143
- 7.3 中国制度环境下两种方式的比较 ········ 147
- 7.4 股权激励方式选择存在机会主义行为的理论分析与研究假设 ········ 149
- 7.5 研究设计 ········ 151
  - 7.5.1 样本与数据 ········ 151
  - 7.5.2 变量及其定义 ········ 152
  - 7.5.3 方法和模型 ········ 153
- 7.6 实证结果及其分析 ········ 154
  - 7.6.1 不同股权激励方式下变量的差异性分析 ········ 154
  - 7.6.2 激励对象对激励方式选择影响 ········ 156
  - 7.6.3 稳健型检验 ········ 159
- 7.7 本章小结 ········ 160

第8章 股权激励公司的媒体监督的公司治理作用 ········ 162

- 8.1 问题的提出 ········ 162
- 8.2 媒体监督的公司治理作用的理论分析与研究假设 ········ 163
- 8.3 样本选择与变量定义 ········ 165
  - 8.3.1 样本选择 ········ 165
  - 8.3.2 变量选择与定义 ········ 166
- 8.4 实证分析结果 ········ 168
  - 8.4.1 负面媒体报道数量的统计分析 ········ 168
  - 8.4.2 媒体报道与公司治理的逻辑回归分析 ········ 169
  - 8.4.3 稳健性检验 ········ 171
- 8.5 本章小结 ········ 172

第9章 股权激励公司的媒体关注度对公司价值的影响 ········ 173

- 9.1 媒体关注度对公司价值的影响的理论分析与研究假设 ········ 173
- 9.2 样本的选择与变量定义 ········ 175

9.2.1 样本公司的选择 …………………………………… 175
9.2.2 变量定义 ………………………………………… 176
9.3 实证结果及其分析 …………………………………… 177
9.3.1 媒体关注度与股票累计超额收益单方程回归分析 …… 177
9.3.2 媒体关注度与公司价值单方程回归分析 ………… 179
9.4 稳健性检验 …………………………………………… 180
9.4.1 内生性角度下的媒体关注度与股票超额收益联立方程回归分析 …………………………………… 180
9.4.2 内生性角度下的媒体关注度与公司价值联立方程回归分析 ……………………………………… 182
9.5 本章小结 ……………………………………………… 183

第10章 再公告视角的股权激励保留人才效应 …………… 185
10.1 问题的提出 …………………………………………… 185
10.2 股权激励的保留人才作用的理论分析与研究假设 …… 188
10.2.1 撤销后"再公告"的保留人才效应分析 ……… 188
10.2.2 未撤销"再公告"的保留人才效应分析 ……… 190
10.3 研究设计 ……………………………………………… 191
10.3.1 变量定义及模型建立 ………………………… 191
10.3.2 样本选取和数据来源 ………………………… 194
10.4 实证结果与分析 ……………………………………… 195
10.4.1 撤销后"再公告"与撤销后未"再公告"相比离职率的差异分析 ……………………………… 195
10.4.2 未撤销"再公告"与只公告一次相比离职率的差异分析 ……………………………………… 198
10.4.3 稳健性检验 …………………………………… 201
10.5 本章小结 ……………………………………………… 202

参考文献 …………………………………………………… 204

第1章 绪 论

1.1 研究背景与研究意义

1.1.1 研究背景

关于公司经理人（Executive）① 薪酬决定机理有两种不同的理论：最优契约理论（Optimal Contracting Approach）与管理权力理论（Managerial Power Approach）。最优契约理论强调薪酬契约的有效性和市场机制的合理性；管理权力理论则强调公司内部控制系统的无效性导致首席执行官利用管理权力谋取高额薪酬。Crystal（1991）较早认识到最优契约理论存在的问题，提出首席执行官可以采取与董事会合谋或者其他防卫措施，利用管理权力为自己确定薪酬。Bebchuk 和 Fried（2002，2003，2004）运用管理权力理论解释了首席执行官的薪酬决定

---

① 《中华人民共和国公司法》关于经理与董事职权的规定说明，经理与董事共同拥有企业的控制权，现实中我国上市公司两职兼任情况比较普遍，高级经理人员常常同时也是董事会成员。因此，本书使用广义经理人的范畴，即经理人包括董事会成员、高级管理人员、分公司经理人员等，董事也是股权激励对象。在报告中，"高管""管理层"均表示"广义经理人"。

机理，认为不仅股东与经理人之间存在代理问题，股东与董事会之间也存在代理问题。因此董事会在决定经理人薪酬的过程中未必遵循股东利益最大化的原则，这为经理人采取寻租行为提供了可能。之后有大量关于管理权力理论的经验证据和理论解释（Bebchuk et al, 2005, 2006, 2009, 2010；Dorff, 2005；Weisbach, 2007；Otten et al, 2008）。

自20世纪80年代，以股票期权为主的股权激励制度逐渐发展起来，曾在美国盛行一时，并推动了美国以高技术产业为标志的新经济的发展。经理人股票期权激励设计的初衷是，通过经理人的努力来提高公司股票的价格，使经理人的利益与股东的利益趋于一致（Jensen and Meckling, 1976），理论上符合最优契约理论。但大量证据表明，在股票期权计划实施过程中，经理人表现出各种各样的机会主义行为（Lambert et al, 1989；Yermack, 1997；Aboody and Kasznik, 2000；Chauvin and Shenoy, 2001；Fenn and Liang, 2001；Bartov and Mohanram, 2004；Erik Lie, 2005；Narayanan and Seyhun, 2005；Bergstresser and Phillippo, 2006；Heron and Lie, 2007；McAnally, 2008；Baker et al, 2009；Balachandran et al, 2008；Griffin and Zhu, 2010）。

现代企业所有权与经营权相分离，尤其在股权高度分散化、无控股股东的上市公司，经理人掌握很大的权力。管理权力过大会引起公司内部控制系统的无效性，这为经理人的机会主义行为提供了有利条件。因此，股票价格的上升并非完全由经理人的努力决定，而是努力和机会主义行为共同作用的结果。若经理人能够通过机会主义行为获得更多的收益，就不会努力工作，也就无法实现股权激励的目标，即两者是此消彼长的关系。之前的研究主要关注的是经理人股权激励强度与机会主义行为之间的关系，有的学者研究的切入点是公司治理，有的关注管理权力与高管薪酬之间的关系。但是公司治理不能等同于管理权力，高管薪酬也不等同于股权激励。在已有文献中很少见到关注管理权力与经理人股权激励及其所衍生的机会主义行为之间关系的研究。

中国上市公司经理人的股权激励真正启动的标志是2005年12月31

日证监会颁布的《上市公司股权激励管理办法》（以下简称《管理办法》），这是在1999年十五届四中全会提出股权激励后第一部对其规范的法规。自《管理办法》颁布至2011年3月10日，初步统计公告的股权激励方案约260个，其中77%左右为股票期权，20%左右为限制性股票等方式，2%左右为股票期权与其他股权激励方式的结合。由此可见，近80%的方案包含股票期权。以授权作为正式实施股权激励的标志，在所有股权激励方案中，授权次数已达到110次左右，行权达到了80次左右。

在股权激励逐步推进的几年时间里，上市公司经理人针对股权激励的机会主义行为屡见不鲜。例如，安徽证监局的江磊在2006年12月21日《证券时报》一篇题为《防止高管钻股权激励空子》的文章中指出，深圳一家上市公司在股权激励计划推出前，不断出利空打压市场，但在股权激励计划公告后，事先隐藏的利好便开始不断地释放。周涛在2007年5月27日《经济观察报》题为《深圳上市公司地产三巨头：股权激励下的利润制作》的一文中指出：股权激励所引发的上市公司对利润不同程度的调节，几乎全面影响了公司的运营、战略、财务安排等诸多至关重要的环节。某财经记者在2011年3月6日《每日经济新闻》题为《湘鄂情第四季度零利润为股权激励铺路？》的一文中指出：2010年前三季度已实现5 811万元净利润的湘鄂情，第四季度净利润几乎为0。公司年初推出的股权激励草案显示，2010年正是股权激励的考核基年，行权的业绩考核要求是此后每年的业绩增长目标为20%。就在该草案发布两周后，湘鄂情下调了2010年业绩预告，将同比变动幅度从"-10%~20%"下调为"-25%~5%"。这不禁让人疑惑，业绩预告的调整、利润的蹊跷下滑，是否是为股权激励铺路？

自《管理办法》颁布之后，作为监管层的证监会和国资委先后又出台了一些进一步规范股权激励的文件，包括国资委、财政部于2006年1月联合颁布的《国有控股上市公司（境外）实施股权激励试行办法》以及2006年12月颁布的《国有控股上市公司（境内）实施股权激励试行办法》，2008年3月、9月证监会上市公司监管部发布的《股权激励有关事项备忘录 1 号》《股权激励有关事项备忘录 2 号》和《股权激励有关事项备忘录 3 号》，2008 年 7 月和 10 月国资委先后颁布的《关于规范国有控股上市公司实施股权激励有关问题的补充通知（征求意见稿）》和《关于规范国有控股上市公司实施股权激励制度有关问题的通知》。这一系列文件所规范的内容主要集中在激励对象的确定，行权价格的确定与调整，授权和行权考核指标的设定，公告日、授予日、行权日的确定，公司治理结构等问题上，而这些问题绝大多数都与限制经理人的机会主义行为（通常也称为"操纵"，下同）有关。

中国上市公司股权结构最主要的特征表现为：国有控股企业所有者缺位导致公司实质控制权转移到了管理层，而在民营控股企业，家族企业的特征决定了管理层的权力过于集中。这种公司治理结构下的管理层股权激励或薪酬机制很难真正解决代理问题（周建波和孙菊生，2003；肖继辉，2005；卢锐，2007，2008；武立东等，2008；夏纪军和张晏，2008；吕长江和赵宇恒，2008；潘颖，2009；何凡等，2009；陈贞贞，2009；纳超洪，2009；黄志忠，2009）。

1.1.2 中国股权激励实施中经理人机会主义行为的特点

学者们在美国等西方发达国家已有的几十年股权激励实践的基础上，总结出了股权激励实施过程中经理人的若干种机会主义行为，包括：回溯授权日，操纵行权前或出售前的盈余，操纵授权前、行权前或出售前的信息披露，采用股票回购代替现金股利支付等。与美国等西方发达国家相比，虽然股权激励的基本激励机制是相同的，但是中国的上市公司股权激励以《管理办法》颁布为标志到目前只有五年多的历史，实践时间较短；监管层对股权激励的规范（如行权价格的确定、业绩考核的要求、个人所得税缴纳、信息披露、公司治理机制等）有所不同；上市公司的内外部治理环境有所不同，经理人的薪酬组成等也有所不同。因此，中国上市公司股权激励实施中经理人可能采取的机会主义行为与美国等其他国家应该有所不同。具体可以归纳成以下几个方面：

1. 行权价确定方法不同，导致操纵行权价的时间点不同

美国股票期权授权日的价格为行权价；中国证监会颁布的《管理办法》规定，行权价应以股权激励计划披露前30个交易日的平均价和前1个交易日股价之中的较高者为基础确定。行权价确定方式的不同使得中美对行权价操纵的时点不同。美国公司针对行权价的操纵，虽然采取的方式各种各样，但主要是围绕"授权日"展开的（Yermack, 1997; Aboody and Kasznik, 2000; Chauvin and Shenoy, 2001; Erik Lie, 2005; Narayanan and Seyhun, 2005; Cai, 2007; Heron and Lie, 2007; McAnally, 2008; Minnick and Zhao, 2009）；而中国公司操纵的应该是公告日（肖淑芳等，2009）。

2. 行权的等待期类型不同，导致中国公司经理人存在针对股权激励业绩考核的机会主义行为

股票期权从授权到行权有等待期的要求，等待期的类型通常分为一次性等待期、直线等待期、变动等待期、业绩等待期。一次性等待期、直线等待期、变动等待期一般均与一定的等待期长度相对应，而没有业绩考核的要求；但业绩等待期一般没有事先规定的等待期长度，须达到事先规定的业绩才能行权。多数美国公司的等待期属于前三种类型，而中国公司的等待期一般是复合型的，即直线或变动等待期与业绩等待期的结合，行权既有等待时间（至少一年）的要求也有业绩考核的要求，而业绩考核指标绝大多数为会计盈余指标。为了达到行权业绩考核的要求，经理人可能产生针对业绩考核的机会主义行为，包括激励方案中业绩考核指标确定时、行权前业绩考核指标达标时的机会主义行为。

3. 中美公司针对股权激励的盈余管理方式有所不同

美国经理人虽然不需要针对股票期权实施的业绩考核采取机会主义行为，但为了获得较低的行权价和较高的售价，也会采取盈余管理这种机会主义行为。大量证据表明美国公司经理人采取盈余管理的方式主要是"操纵性应计利润"（Baker et al, 2003; Safdar, 2003; Balsam et al, 2003; Bartov and Mohanram, 2004; Bergstresser and Phillippo, 2006; Baker et al, 2009; Kanagaretnam et al, 2009）；中国公司除此之外还可能同时采取"非经常性损益"。部分学者通过对中国上市公司的研究得到公司采取非经常性损益进行盈余管理的经验证据（陈晓和戴翠玉，2004；邵军，2007；魏涛和陆正飞，2008；高雷，2009）。

4. 股票期权的股利保护类型不同，导致公司在股利政策选择上采取不同的机会主义行为

美国股票期权绝大多数属于非股利保护型（Dividend Unprotected），即股票期权的行权价是确定的，在未行权期前不享有现金股利的分配。据 Murphy（1999）统计，美国 CEO（首席执行官）的股票期权只有 1% 属于股利保护型；Weisbenner（1998）所分析的 799 个美国样本公司中，只有 2 家公司的股票期权属于股利保护型。中国的股票期权虽然在行权前也不拥有股利分配权，但是行权前随着股利分配（现金股利、股票股利、公积金转增等）的进行，《管理办法》规定是可以调整行权价格和行权数量的。例如，金发科技 2008 年 1 月 7 日公告，由于公司 2007 年实施 10 股送转 10 股、派现金股利 3 元的方案，按照股票期权计划的调整方法，该公司股票期权由原来的 3 185 万股调整到 6 370 万股、行权价由原来的 13.15 元调整到 6.43 元。从以上意义上说，中国公司的股票期权实质上属于股利保护型。美国公司更多的以股票回购代替现金股利以避免所拥有的期权价值下降（Lambert et al，1989；Fenn and Liang，2001；Kahle，2002；Bens et al，2003；Arnold and Gillenkirch，2005；Balachandran et al，2008；Cuny et al，2009；Griffin and Zhu，2010）。而在股利保护型期权较普遍的国家得到了与美国不同的结论：股权激励公司高比例送转股的现象比较普遍（肖淑芳和张超，2009）；随着经理人股票期权的增加，现金股利支付是增加的（Liljeblom and Pasternack，2006；Wu et al，2008）。由此可见，股票期权的股利保护类型不同，导致公司在股利政策选择上有可能产生不同的机会主义行为。

5. 中美股票期权的个人所得税制度不同

美国的股票期权分为非标准股票期权（Nonqualified Stock Option）与激励性股票期权（Incentive Stock Option），两者的个人所得税制度是

不同的。非标准股票期权不享有税收优惠待遇，行权者在行权日按照行权价与市价之间的差额作为一般收入的税率缴纳个人所得税（在美国，一般收入的税率高于资本利得的税率）。激励性股票期权享有税收优惠待遇，在行权后至少持有一年或授权后持有两年以上、行权价至少等于授权时的股票市价等条件下，在行权日直至出售标的股票之前，行权者可以不纳税，而在出售时按资本利得的税率纳税。激励性股票期权在美国较为普遍。我国关于员工股票期权等股权激励实施中的个人所得税缴纳的制度规定主要依据的是 2005 年 3 月 28 日财政部和国家税务总局发布的《关于个人股票期权所得征收个人所得税问题的通知》，其总的精神是公司高管因股权激励所得股票在行权日无论是否出售，均按工薪所得纳税，应纳税所得额等于行权日的公允价值（一般是市价）与行权价的差额；行权后股票再转让时获得的高于行权日公允价值的部分属于"财产转让所得"，按照适用的征免规定计算缴纳个人所得税（目前免税）。

因此，在我国特殊的公司治理环境下，对我国上市公司股权激励实施中经理人的机会主义行为的识别、管理权力对经理人股权激励及其机会主义行为的影响是股权激励健康发展亟待解决的问题，同时又缺乏系统性的公认结论，迫切需要深入细致的研究。

1.1.3 研究意义

1. 理论意义

（1）为我国上市公司股权激励实施中经理人的机会主义行为的对象、时间、方式提供经验证据。与以美国为代表的西方国家上市公司相比，我国的股权激励及其所处的公司治理环境有所不同，如行权价格的确定方法不同、行权的等待期类型不同、股票期权的股利保护类型不同、个人所得税制度不同等，故经理人所采取的机会主义行为的对象、时间、方式都可能有所不同。因此，有必要分析我国公司经理人有可能采取的机会主义行为的对象、所发生的时间与所采取的方式。

（2）为管理权力、股权激励、机会主义行为之间的关系提供理论分析和经验证据。若股权激励实施中经理人的机会主义行为取决于管理权力，那么抑制股权激励中的机会主义行为、提高股权激励效应应该从限制高管权力入手。因此，对于管理权力、股权激励、机会主义行为之间关系的研究就显得尤为重要。该项研究，在检验了管理权力理论在股权激励研究领域的适用性的同时，也丰富了股权激励理论基础的相关研究。

2. 实践意义

（1）为监管部门有效规范股权激励提供理论和实践依据。如何提高上市公司经理人股权激励的效应、避免经理人的机会主义行为一直是证监会、国资委、财政部等监管部门所关注的重点。自《管理办法》出台至2008年10月，监管部门为了规范股权激励，先后颁布了七项相关文件，股权激励的进展还需进一步的规范。本课题将为监管部门规范股权激励提供理论和实践依据。

（2）为优化高管管理权力安排提供思路。提高经理人股权激励效应，除了要加强外部监管外，更重要的是要有一个相对完善的内部公司治理结构。以往的很多研究都发现，经理人薪酬过高和薪酬业绩敏感性低均与不完善的治理结构有关，如股权结构不合理等。本课题将提供从优化高管管理权力入手，完善公司治理结构的思路。

1.2 国内外研究现状

以《管理办法》的颁布为标志，中国实施股权激励的时间较短，与以美国为代表的西方国家相比，无论是研究内容、研究深度还是成果数量都有比较大的差距。我们将对国内外的相关研究分别进行总结和评述。

1.2.1 国外研究

与经理人股权激励相关的研究成果非常丰富，涉及股权激励效应、股权激励的设计、股票期权的会计核算、公司治理等各个方面。下面我们将围绕申请的选题,重点从股权激励引发的代理问题出发,介绍和总结股权激励实施中的机会主义行为以及经理人的管理权力两个方面的研究。

1. 股权激励实施中的机会主义行为研究

股票期权实施的主要时间点包括授权日、行权日、出售日等,期权收益取决于期权行权价与标的股票售价的差额。在美国,行权价是授权日的市价,若行权后就出售,则行权日的价格就是售价,因此使期权收益最大的机会主义行为在授权日、行权日、出售日均有可能发生。另外,为了避免股利支付导致的期权价值下降,公司可能改变股利政策,以股票回购代替现金股利。

(1) 关于"授权日"的机会主义行为研究。针对授权日采取的机会主义行为的目的是获得低的行权价。研究发现,主要方式包括盈余管理、操纵信息披露、回溯授权日、选择授权日等。

美国行权价是授权日的市价,经理人有动机在授权日前一段时间采取盈余管理的方式降低股价(Baker et al, 2003;Balsam et al, 2003)。但是 Baker 等 (2009) 研究发现企业实行固定期权授予计划将限制经理人的盈余管理行为,因为固定期权授予计划使经理人意识到投资人是能够识别经理人在授权前的盈余管理行为的。

为了降低授权日股价,公司也可以采取"选择性信息披露"的机会主义行为。在授权前,CEO 们更有可能发布"坏消息"而不是"好消息"(Aboody and Kasznik, 2000;Chauvin and Shenoy, 2001;Tjalling van der Goot, 2010)。Mary (2008) 分析了固定期权行权日的企业的季报和年报数据,发现经理人为了使他们的期权价值最大化而采取"公司盈余公告与分析师盈利预测的背离"的机会主义行为。

Erik (2005) 首次提出了"回溯授权日"的概念,认为期权授予日是通过追溯方式确定的,即选定过去的、与授权公告日相比股价低的日子为授权日。之后,一些学者得到了与 Erik 同样的结论(Narayanan and Seyhun, 2005;Heron and Lie, 2007;Jie Cai, 2007;Kristin and

Zhao，2009）。近几年学者们发现"回溯授权日"与公司治理结构、经理人的管理权力有关，公司治理比较弱、经理人管理权力较大的公司更有可能发生回溯授权日（Collins et al，2009；Lee，2010）。

Yermack David（1997）研究表明，CEO们采取"选择授权日"方式使他们的期权收益最大化，Bebchuk等（2006，2009）认为"幸运授予"（选择一个月、一季度或一年股价最低时授予）与公司治理水平负相关。

（2）关于"行权日"的机会主义行为研究。针对行权日的机会主义行为的目的是提高行权日的股价，主要方式包括盈余管理、利用内幕信息、回溯行权日等。

大量研究发现，经理人在行权前一段时间内，利用"操纵性应计利润"进行了向上盈余管理，股价上升，同时伴随高管的大量行权；在行权后一段时间内，会计报告盈余下降，同时伴随着股价的下降（Safdar，2003；Bartov and Mohanram，2004；Yu Wei，2004；Bartov and Mohanram，2004；Bergstresser and Phillippon，2006）。Cornett等（2008）发现，管理层的自由裁量被明显监督的情况下，如机构投资股东较多、董事会中机构投资者的席位较多、董事会中外部董事比例较高、行权前的盈余管理程度较低。

Huddart和Lang（2003）研究发现，大多数高级管理人员股票期权集中行权的信息含量要高于低级管理人员股票期权集中行权的信息含量。有证据表明，高级经理人决定行权并立即出售股票是被"坏消息"驱使的，而行权并持有股票一段时间是被"好消息"驱使的（Carpenter and Remmers，2001；Aboody et al，2007）。高管会利用内幕信息来增加不同行权方式（现金行权、股票行权等）的盈利性（Cicero，2009）。也有学者认为，经理人利用内幕信息进行行权时间选择是有积极意义的，自由选择股票期权的行权时间可以使CEO们做出及时放弃亏损项目的决定，这对企业和股东是有利的（Laux Volker，2010）。

Dhaliwal等（2009）发现了"回溯行权日"的证据，而且越存在

"回溯授权日"的公司越有可能进行行权日回溯,但该行为会受到《萨班斯法案》实施的影响。《萨班斯法案》出台之前,有13.55%的高管在股价最低日行权;而《萨班斯法案》出台之后,该比例降到7.20%。高管以现金支付行权价并持有所购买股票与行权后立即出售不同,基于税收动机会选择在股价最低日行权,而且行权日回溯带来的个人节税越多,这种可疑的行权就越有可能发生。因此"行权日回溯"的目的是降低行权缴纳的个人所得税。

(3) 关于"出售日"的机会主义行为研究。由于出售的资料较难获取,所以关于这方面的研究较少。Cheng 和 Warfield (2005) 运用1993—2000年期间的股权收入和股票所有权数据证明,实施了高比例股权激励政策的管理层,在股票出售前,倾向于公布满足或刚好超过分析家预测的盈余,而不倾向于公布大额正向盈余,以避免未来公告的盈余与预测不符导致出售股票时股价下降。由此得出的结论是,股权激励政策导致了管理层在标的股票出售日的盈余管理行为。

(4) 关于股利政策上的机会主义行为研究。美国公司的股票期权绝大多数是非股利保护型的,故为了避免股利支付所带来的股票期权价值下降,选择了以股票回购的方式来支付现金股利(Lambert et al, 1989; Jolls, 1998; Kahle, 2002; Fenn and Liang, 2001; Arnold and Gillenkirch, 2005; Cuny et al, 2009; Griffin and Zhu, 2010)。但对于股利保护型股票期权的股利政策的研究结论有所不同。Eva 和 Daniel (2006) 研究了芬兰的股票回购与现金股利的决定因素,其研究的样本中有41%的期权项目是属于股利保护型的,与以往利用美国企业数据研究的结果不同,现金股利支付与股票期权之间呈明显正相关的关系。Wu 等(2008) 利用我国台湾企业数据,研究了股利保护型的股票期权对股票回购和现金股利的影响,发现现金股利支付与股票期权之间呈正相关,这意味着经理人持有股票期权倾向于支付现金股利以使股价上升。

2. 股权激励中的管理权力问题研究

股权激励的初衷是使管理层的利益与股东趋于一致,解决委托代理问题,一般是由代表股东利益的董事会下设的薪酬委员会制订并实施股权激励方案。但是在股权高度分散、缺少控股股东的情况下，由于公司的管理层权力过大，有可能控制董事会及其下设的薪酬委员会，因此会产生新的代理问题。

(1) 管理权力视角下的高管薪酬或股权激励研究。Bebchuk 和 Fried (2002, 2003, 2004) 是较早提出从管理权力视角研究高管薪酬的学者。他们认为高管薪酬不仅仅是解决代理问题的潜在手段，管理者权力决定了其本身就是代理问题的一部分，潜在的管理权力影响到管理层的薪酬设计，高管薪酬安排的一些特征反映了它是管理寻租而不是有效的激励机制。Bebchuk 和 Fried (2005) 通过分析，发现 Fannie Mae 付给高管大量与业绩无关的薪酬，弱化甚至扭曲了对高管的激励；管理权力影响已经导致薪酬设计产生了很大的偏差，给投资人和公司带来了很高的成本。Dorff (2005) 实证并检验了"最优契约理论"和"管理权力理论"，结论是：建立在董事会之上的管理权力导致高管的过度薪酬，完善公司治理的核心应该通过例如真正的竞争选举董事的机制来使管理权力最小化。Otten 和 Heugens (2008) 通过研究 17 个国家（澳大利亚、奥地利、加拿大、丹麦、芬兰、法国、德国、中国、意大利、荷兰、挪威、南非、瑞典、西班牙、瑞士、英国、美国）包括 CEO 在内的高管薪酬，得出了国家之间的高管薪酬确实存在差别，而且可以由管理权力理论来解释的结论。Collins 等 (2009) 研究发现，股权激励中"回溯授权日"的公司 CEO 拥有更大的管理权力，薪酬委员会的独立性也更差。

(2) 高管薪酬或股权激励与薪酬委员会的研究。在管理权力视角下，多数研究认为薪酬委员会是影响高管的过度激励、非业绩薪酬、低报酬业绩敏感性等现象的决定因素。Main 和 Johnston (1993) 通过对英国公司的调查，发现薪酬委员会在提高他们自己的薪酬水平上有效地代表了管理层的利益。Conyon 和 Peck (1998) 通过对英国《Financial Times》前 100 强企业的研究，发现由外部董事控制的董事会和薪酬委员会，高级经理人的薪酬与企业业绩是相关的。Vafeas (2003) 发现有年长的、服务期长的董事参与的薪酬委员会给予管理层的薪酬较高，特别是在经理人有绝对权力的情况下,存在服务于董事会20年以上的董事的董事会是CEO有寻租行为的标志。Sun等(2009)发现,随着薪酬委员会质量(包括在任CEO任职期内任命的董事的比例、服务董事会10年以上的董事的比例、同时任职其他公司的CEO担任董事的比例、薪酬委员会中董事持有企业的总股份数、拥有3个或3个以上席位的董事的比例、薪酬委员会的规模)的提高,CEO股票期权授予和现金报酬均与公司未来业绩正相关。也有学者认为,薪酬委员会与高管的无效薪酬或激励无关。Daily等(1998)研究了企业薪酬委员会的组成与CEO薪酬组成之间的关系,没有发现薪酬委员会中支持CEO的董事越多就越容易导致更高的CEO薪酬。2003年之后,美国证券交易委员会(Securithies and Exchange Commission,SEC)和美国国内税务局(Internal Revenue Service,IRS)规定不允许内部董事服务于薪酬委员会,那么,随着薪酬委员会独立性的增强,是否增加了股东的利益?薪酬委员会包括CEO是否导致了薪酬结构上的机会主义行为?Anderson和Bizjak(2003)的研究只得到薪酬委员会独立性增强将会影响经理人薪酬的微弱证据。此外,也没有发现薪酬委员会,包括内部人或者CEO会给予经理人过多的薪酬,也许规范薪酬委员会结构对于降低高管薪酬水平没有什么作用。

1.2.2 国内研究

我国上市公司实施股权激励的历史较短,从具有较为全面的股权激励信息披露要求的2006年年初到目前只有几年时间,因此我国学者对上市公司股权激励实施中经理人的机会主义行为研究还比较少。下面将介绍和总结包括股权激励在内的高管薪酬的相关研究。

1. 高管薪酬或股权激励实施中的机会主义行为研究

经研究发现,我国高管薪酬或股权激励实施中的机会主义行为主要包括盈余管理、选择性信息披露和改变股利政策等。

(1)高管薪酬或股权激励与盈余管理。多数研究认为,中国上市公司的高管薪酬与盈余管理有关(陈亮,2006;邹海峰,2006;李延喜等，2007；高志谦等，2007）。但也有相反的证据，如王克敏和王志超（2007）研究发现，当总经理来自控股股东单位或兼任董事长时，高管控制权的增加提高了高管报酬水平，但降低了高管报酬诱发盈余管理的程度。罗玫和陈运森（2010）研究发现，建立以会计盈余为绩效评价指标的薪酬激励没有使公司高管更为显著地操纵盈余。关于股权激励中盈余管理的研究则主要集中在《管理办法》颁布以后，因为这之后才有可利用的数据。对《管理办法》颁布后的数据研究表明，我国上市公司实施管理层股权激励与企业盈余管理行为间存在着正相关关系（赵息等，2008；耿照源等，2009）。肖淑芳等（2009）研究发现，股权激励计划公告日前的三个季度，经理人通过操纵"操纵性应计利润"进行了向下的盈余管理，公告日后盈余则存在反转现象。何凡（2010）发现，提高激励股权数量的意愿可能诱发股权激励实施前严重的盈余管理；实行业绩股票模式时公司的盈余管理行为比实行非业绩股票模式时的盈余管理更加严重；行权时长与盈余管理之间存在显著的负相关关系；公司第一大股东的持股比例和性质也是影响盈余管理的重要因素。但也有研究表明，高管的股权激励与盈余管理之间存在不显著的正相关关系（冉茂盛等，2009）。个别学者研究了股权激励或薪酬与会计造假问题，如韩丹等（2007），发现CEO持股、经理人薪酬增加反而能减少会计造假的可能性。

（2）高管薪酬或股权激励与选择性信息披露。杨慧辉等（2009）发现，经理利用信息优势选择信息披露内容和时间以影响股价，进而影响股票期权行权价的确定。王俊秋和张奇峰（2009）发现，信息透明度能够显著提高经理薪酬契约的有效性，信息透明度越高的公司，经理薪酬业绩敏感性就越高，经理薪酬在盈利业绩和亏损业绩之间的非对称性就越小。冉茂盛等（2009）建立了股东与经理人两方参与的博弈模型，说明股权激励强度的大小与信息披露水平互相约束，严厉的外部监管可以对股权激励产生正面影响。

（3）高管薪酬或股权激励与改变股利政策。股权激励是否会使公司通过改变财务政策（股利政策、融资政策等）来实施一些对管理层有利的机会主义行为,目前我国研究非常少。肖淑芳和张超(2009)以《管理办法》颁布后公告股权激励计划的上市公司为样本,研究发现,股票股利和公积金转增是经理人操纵其股票期权收益的主要方式,目的是降低行权价。吕长江和张海平(2010)研究发现,与非股权激励公司相比,推出股权激励方案的公司有着较低的现金股利支付水平;股权激励公司在推出激励方案后倾向于降低股利支付率;具有福利性质的股权激励公司对公司现金股利政策的影响更显著。结论表明,部分实施股权激励计划的公司管理层利用股利政策为自己谋福利。

(4)股权激励与所得税。股权激励实施中的所得税包括企业所得税和个人所得税。由于目前我国对于其中的个人所得税有较为详细的规范,因此研究主要集中在个人所得税上。吕长江等(2010)研究发现,中国的所得税规定与股权激励制度的激励效果存在冲突,主要表现为:按工资薪金所得纳税,其超额累进税制导致的高边际税率会影响股权激励效用的发挥;在行权日纳税,过重的税收负担会削弱高管实施股权激励制度的积极性,或迫使高管立即抛售股票来缴税,容易引发高管的机会主义行为,还会导致股权激励收益与税基不匹配。他们提出相应的建议,包括股票期权的纳税环节设置在股票抛售时点较为合适、按资本利得税目缴税、根据持股期限设置逐级递减的资本利得税率等。

2. 股权激励中的公司治理问题研究

研究证实股权激励实施中机会主义行为与公司治理结构是密切相关的。我国上市公司治理结构的主要特征之一是股权集中度较高,"一股独大",管理层权力较大。因此公司治理结构对股权激励的影响主要集中在股权结构与管理权力方面。

(1)股权激励与股权结构。吴娓等(2005)研究发现,公司的第一大股东持股比例每增长一个百分点,股改公司同时推出股权激励方案的可能性也随之增大。陈千里(2008)认为,在部分投资者低估盈余操纵程度的情况下,国有股减持会促使控股股东加大股权激励强度,盈余操纵程度相应上升;过高的股权激励不仅会带来内部人侵占国有资产、大股东损害中小股东利益的后果,而且可能使抑制盈余操纵活动的市场监管措施失效。夏纪军和张晏（2008）研究发现，中国上市公司大股东控制权与管理层股权激励之间存在显著的冲突，相对于其他类型的控股公司，国资委控股公司中的冲突较强，这说明控制权配置与激励安排是组织治理中的两个重要工具。何凡（2009）研究发现，核心高管激励股权的绝对差距和相对差距以及高管总体激励股权的相对差距与股权激励绩效之间呈显著的负相关关系。潘颖和聂建平（2010）研究发现，大股东对中小股东利益的侵占将损害股权激励实施效应。季勇（2010）研究发现，高管持股比例高则倾向于选择股票期权，相反则倾向于选择限制性股票，这说明通过给予经理人股份可以有效地降低代理成本；总经理与董事长两职合一的样本公司倾向于选择股票期权，反之则倾向于选择限制性股票，这说明两权合一会降低董事会的独立性，做出更有利于总经理的决策。

以上学者的观点是股权集中对股权激励的负面影响，但也有相反的证据。如程仲鸣和夏银桂（2008）发现，对国有企业的经理人实行股权激励能提高公司价值，特别是受地方政府控制的公司，股权激励更能明显增加公司价值；潘颖（2009）研究表明，公司业绩与股权激励比率呈明显正相关关系，但不同的股权激励类型与公司业绩之间的敏感程度不同。此外，第一大股东持股比例对公司业绩与股权激励之间的关系具有正向影响，而第一大股东的控制力对公司业绩与股权激励之间的关系具有负向影响。

（2）股权激励或高管薪酬与管理权力。由于管理权力理论产生较晚，因此我国相应的研究也比较少。卢锐（2008）发现，管理层权力越大的企业，高管的货币薪酬就越高，但业绩并没有更好，这说明管理层权力可能会弱化公司治理，使得薪酬机制成为代理问题的来源。但张炳申和安凡所（2005）在分析管理权力模式与最优契约模式在决定首席执行官薪酬过程中的作用时发现，两者之间不是对立而是互补的关系，因而首席执行官的薪酬决定在不同的治理结构下也体现出相机性特点。熊海斌和谢茂拾（2009）认为，现行经理股票期权制度实际上已经成为一种企业高管攫取"规则性不当利益"的重要工具，主张把蜕变为馈赠物的经理股票期权变革成准交易型经理股票期权，以使其保留长期激励功能。

1.2.3 国内外研究评述

上述研究成果对本课题的研究方向和趋势的分析有很好的借鉴意义，但还存在一些问题，主要表现在以下几方面：

（1）从股权激励的理论基础上看，在最优契约理论受到普遍质疑的情况下，是否能够由管理权力理论来解释的研究甚少，且已有的研究也未达成一致。

在过去三十几年当中，以美国为代表的西方发达国家企业经理人股权激励的理论基础是最优契约理论，该理论认为，股票期权是解决股东与经理人之间的委托代理问题的最优合约设计。但事实发现，大量股票期权缺乏业绩敏感性。虽然 Bebchuk 和 Fried（2002，2004）提出了高管薪酬无效的理论解释——管理权力理论，但 Bebchuk 以及其他学者主要研究的是高管薪酬中的管理权力问题，很少有研究股权激励中的管理权力问题的。股权激励，特别是股票期权，是高管薪酬的一部分，与薪酬的其他部分，如基本薪酬、奖金等不同，其涉及的管理权力研究也应该有所不同；另外，在中国上市公司的治理环境中，国有控股企业所有者缺位，民营控股企业股权过度集中，这些都造成经理人权力过大。因此我们认为，有必要检验管理权力理论在解释股权激励（特别是中国上市公司的股权激励）效应方面的能力，进一步丰富股权激励的理论基础。

（2）从股权激励实施中经理人的机会主义行为对象、时间、方式的分析上看，目前的研究（特别是国内的研究）还很不系统。

股权激励对象的经理人是经济人，有实施机会主义行为的主观内在动力；信息不对称的环境以及股权激励契约本身的不完备性构成了经理人机会主义行为的客观因素。针对以美国为主的西方发达国家企业的股权激励实施中的经理人机会主义行为，识别研究有了较为丰富系统的研究成果。但中国股权激励与其相比有不同的特点（如股票期权行权价的确定方法不同、行权的等待期类型不同、股票期权的股利保护类型不同、股票期权的个人所得税制度不同、盈余管理方式不同等），经理人的机会主义行为方式应该有所不同；另外，中国上市公司股权激励实践有规范可依的时间较短，虽然有学者提出了一些分析思路，但缺乏大样本的数据支持，相应的研究比较匮乏。因此我们认为，有必要对中国上市公司股权激励实施中机会主义行为的对象、时间及方式进行系统的研究。

（3）从研究方法看，缺少理论推演、实证研究与案例研究的结合。

已有的研究方法主要是采用逻辑推理、大样本的经验数据或逻辑推理与大样本的经验数据的结合，缺少典型案例的研究，影响了问题分析的深度，导致研究结论的可靠性不够强。当然其中主要原因是：我国上市公司股权激励实施的时间较短，缺少案例分析所需的样本。

综上所述，本课题将从管理权力视角，采用大样本经验研究与案例研究相结合的方法，利用我国上市公司的数据，分析股权激励实施中的经理人机会主义行为；旨在基于我国公司特有的治理环境，提出规范股权激励和优化高管权力安排的建议，减少经理人股权激励契约执行中的机会主义行为，提升股权激励的效应。

1.3 股权激励实施中经理人机会主义行为的分析

股权激励中机会主义行为研究的目标包括：

（1）检验管理权力理论在中国上市公司经理人股权激励研究领域的适用性，建立基于管理权力理论视角的中国经理人股权激励实施中机会主义行为分析的框架。

（2）在管理权力视角下，提供中国上市公司股权激励实施中经理人机会主义行为的经验证据和典型案例。

（3）为监管机构（证监会、国资委等）规范上市公司股权激励行为和公司优化高管管理权力安排提供依据。

Bebchuk 等（2002）提出了管理权力理论，他们认为，高管可以通过对公司的控制权来影响自己的报酬，管理权力越大，租金攫取能力越强，就越有可能依靠权力自定薪酬。股票期权作为20世纪90年代高管薪酬最主要的组成部分，其设计的初衷是为了解决委托代理问题，但大量证据表明，其不但没能解决代理问题，反而产生了更为严重的代理问题。在Williamson创立的解释企业性质的TCE（Transaction Cost Economics）中，关于人性的一个重要假设是机会主义（1975，1985，1996）。刘燕（2006）经分析认为，经济主体（经济人）的自利倾向构成了机会主义行为主观或内在的因素，不完备与不对称信息构成了机会主义行为客观或外在的因素，不完全契约则构成了机会主义行为实施的空间或交易环境。因此，股权激励实施中经理人采取机会主义行为是必然的。

股权激励的收益是行权价与出售标的股票时市价的差额，股权激励收益最大化就应该是行权价格最小化、出售时的市价最大化；另外，我国股票期权行权和限制性股票的解禁基本都是有业绩考核的，业绩考核指标绝大多数是会计盈余指标。由此可见，经理人股权激励中的机会主义行为对象可能主要有两个：一个是股价，另一个是会计盈余指标。机会主义行为的时点可能集中在计划公告日、授权日、行权日和出售日前后；机会主义行为的方式可能是盈余管理、选择性信息披露和改变股利政策等。因此，按照行为对象的不同，可以将经理人的机会主义行为分为针对股价的机会主义行为和针对会计业绩的机会主义行为。

1.3.1　针对股价的机会主义行为分析

考虑到中国股权激励的特点，经理人针对股价的机会主义行为可以分为降低行权价、降低行权时的市价和提高标的股票出售时的市价，目的是使期权收益最大化。

降低行权价。《管理办法》规定行权价不应低于下列价格较高者：股权激励计划草案摘要公布前一个交易日公司股票收盘价，计划公布前

30个交易日公司股票平均收盘价。因此经理人可以采取"选择公告日",即选择市价较低时公告股权激励计划,还可以采取"选择性信息披露",在公告前披露更多的坏消息以降低股价。另外,由于我国股票期权属于股利保护型,即《管理办法》规定股票期权行权前随着股利分配(现金股利、股票股利、公积金转增等)的进行,可以调整行权价格和行权数量,因此行权前,公司可以采取高比例的股票股利和公积金转增以及高派现的分配政策,以降低股价。

降低行权时的市价。我国股票期权实施中的个人所得税缴纳制度规定:公司高管因股权激励所得股票在行权日无论是否出售,均以行权日的公允价值(一般是市价)与行权价的差额按工薪所得纳税。因此经理人有动机降低行权时的市价,这是为了减少上缴的所得税,使期权收益最大化。经理人可以采取"选择行权日",即选择市价较低时行权,以降低行权价与市价之间的差额,减少应纳税所得额,减少个人所得税;也可以采取"选择性信息披露",即在行权前披露更多的坏消息以降低股价。

提高标的股票出售时的市价。《管理办法》规定:行权后股票再转让时获得的高于行权日公允价值的差额,属于"财产转让所得",按照适用的征免规定计算缴纳个人所得税(目前免税)。因此经理人可以采取"选择出售日",即选择市价较高时出售;还可以采取"选择性信息披露",即在出售前披露更多的好消息以提高股价。

由此可见,经理人针对股价可能采取的机会主义行为方式有三种:选择合适的公告日、行权日、出售日;在公告日、行权日、出售日之前有选择性地进行信息披露;改变股利政策。

1. 选择合适的公告日、行权日、出售日的研究

本部分内容将通过分析股权激励过程中三个关键时点(股权激励计划的公告日、行权日、出售日)的股票价格变化情况,检验经理人在这三个关键时点前后是否存在机会主义行为,即关键时点的刻意选择问题,以及其是否决定于股权激励。

选择股价较低时公告激励计划的特征是:公告前股票有异常负收

益；公告后有异常正收益。选择股价较低时行权的特征是：行权前股票有异常负收益；行权后有异常正收益。选择股价较高时出售标的股票的特征是：出售前有异常正收益；出售后有异常负收益。

选择实施股权激励的上市公司观察样本组，并根据行业相同、规模相近等标准选择非股权激励公司组成配对样本组，通过采用配对样本 T 检验方法，探讨股权激励公司与非股权激励公司相比是否明显存在以上特征。在得到公告日、行权日和出售日前后均有如上所述的异常市场反应经验证据的基础上，建立累计超额收益（Cumulative Abnormal Return，CAR）与高管股权激励强度的回归模型，以验证公告日、行权日和出售日选择的机会主义行为的决定因素是否是股权激励。

另外，对基于降低股权激励个人所得税目的的"行权日选择"研究，还将建立行权日选择和高管节税收益的逻辑回归模型，以进一步验证高管出于节税目的有动机选择在股价最低日行权的假设。股权激励强度越大，高管行权日选择的动机就越大，其节税收益也就越大。

2. 公告日、行权日、出售日之前有选择性地进行信息披露的研究

为了获得低的行权价和行权时的股价以及高的出售价，经理人会在激励计划公告前和行权前披露坏消息，在出售前披露好消息。股权激励强度越大，经理人选择性信息披露的动机就越强，信息披露的选择性也就越明显。经理人可能通过谣言、影射、正式公告等途径向市场传递他们想传递的消息，但考虑到信息传递的微妙性和复杂性，直接衡量所有途径的信息传递是不可能的（Aboody and Kasznik，2000；Chauvin et al，2001）。因此，可以采用 Aboody 和 Kasznik（2000）提出的方法，观察公告日、行权日、出售日之前的季度盈余公告，按照盈余预测信息与此前投资者的预测相比更好、更差、相同，将信息划分为好、坏、中三种；或在缺少以前预测信息的情况下，以与前一阶段相比来划分好、坏、中。好、坏、中各计 +1 分、−1 分、0 分，本课题将其定义为"信息披露指数"。由于 0 分对股价没有明显的影响，因此可以只分析得分为 +1 分和 −1 分的情况。我们建立如下假设：公告日和行权日之前信息披露指数显著为负，异常超额收益显著为负，之后有反转；出售

日之前信息披露指数显著为正，异常超额收益显著为正，之后有反转。

具体研究思路基本类似于"公告日、行权日、出售日选择"的研究：运用事件研究法，通过采用配对样本 T 检验方法，探讨股权激励公司与非股权激励公司相比是否明显存在以上特征。与"公告日、行权日、出售日选择"的研究有所不同的是：在进一步的回归分析中，需要对信息披露指数、异常超额收益和股权激励强度之间的关系进行验证。

信息披露指数代表了机会主义行为的程度，如公告日前信息披露指数为负时，绝对值越大，则表明向下操纵股价的程度越大，即机会主义行为的程度越大。

3. 改变股利政策的研究

美国的股票期权绝大多数属于非股利保护型，持有期权的经理人会降低股利的支付，取而代之的是采用股票回购方式（Lambert et al, 1989; Kahle, 2002; Fenn and Liang, 2001; Cuny et al, 2009; Griffin and Zhu, 2010）；而在实施股利保护型股票期权的公司中，高管期权比例与派现水平呈正相关关系（Liljeblom and Pasternack, 2006; Wu et al, 2008）。我国股票期权属于股利保护型，加之股利分配具有长期异常超额收益（Desai and Prem, 1997），持有股票期权的经理人可以通过提高股利支付水平的方式，利用"价格幻觉"（何涛和陈小悦，2003）吸引投资者买入股票，使未来的售价提高，从中谋取机会主义收益。因此，本项目提出我国股权激励公司存在"高送转"和"高派现"的假设，并进一步提出股权激励强度对股利支付水平有正向影响的假设。

具体研究思路也基本类似于"公告日、行权日、出售日选择"的研究：通过采用配对样本 T 检验方法，探讨股权激励公司与非股权激励公司相比是否明显存在"高送转"和"高派现"的特征；在得到股权激励公司的送转股水平和派现水平均高于非股权激励公司且股权激励公司在实施计划前一年开始显著提高自己的股利支付水平的基础上，建立送转股水平和派现水平与股权激励强度的回归模型，以验证股权激励强度越大，股利支付水平就越高的假设。我们使用了"每股现金股利"

而不是吕长江和张海平（2010）所使用的"股利支付率"，原因是股票期权行权价的调整根据的是每股股利而不是股利支付率。

股利支付水平（每股送转股数和每股现金股利）代表了机会主义行为的程度，支付水平越高，机会主义行为的程度就越大。

1.3.2　针对会计业绩的机会主义行为分析

我国股票期权等待期的类型绝大多数是直线或变动等待期与业绩等待期的结合，激励对象行权须进行业绩考核，业绩考核指标绝大多数是净资产收益率和基于授权日前一个年度的净利润增长率等盈余指标。经理人为了达到顺利行权的目的，有可能发生针对会计盈余的机会主义行为，即盈余管理行为。因此我们提出以下假设：授权前实行向下的盈余管理，目的是降低行权时的业绩考核（净利润）基础；行权前实行向上的盈余管理，目的是达到行权的业绩考核标准。

具体研究思路是：通过采用配对样本 T 检验方法，探讨股权激励公司与非股权激励公司相比，是否明显存在授权前向下的盈余管理和授权后盈余反转、行权前向上的盈余管理与行权后盈余反转的特征。在以上特征存在的前提下，利用回归分析法验证股权激励是经理人进行盈余管理的动机这一假设。

本课题拟用修正的截面琼斯模型来计算非操控性应计利润，从而得出操控性应计利润，衡量盈余管理程度；考虑到我国与美国公司盈余管理方式的差异，在应用操控性应计利润计量盈余管理程度的同时，还将非经常性损益作为衡量盈余管理的补充变量。

1.3.3　管理权力、股权激励、机会主义行为之间的关系

对股权激励过程中经理人的机会主义行为进行分析，预期得到的结论是：经理人有动机采取"选择公告日、行权日、出售日""选择性信息披露""改变股利政策""盈余管理"等机会主义行为影响股权激励计划的制订与实施，从而使自身激励收益最大化，并且经理人机会主义行为的重要因素是股权激励。这种现象挑战了传统最优契约理论强调的

薪酬激励契约的有效性，已有的研究表明，公司管理层权力的存在弱化了公司治理，使得薪酬机制成为代理问题的来源。现代企业所有权与经营权相分离，特别是在无控制股东、股权高度分散化的上市公司，使得经理人具有很大的权力，这种权力使经理人能够采取各种各样的机会主义行为获得额外的收益，其中主要表现在经理人薪酬上。经理人可以通过操纵董事会来达到掌控薪酬设计的目的，从而获得超过其应得薪酬之外的利益，管理权力越大，高管寻租自定薪酬的能力就越强。作为经理人薪酬重要部分的股权激励自然也受到管理权力的影响，具体表现为：经理人在股权激励计划实施中通过机会主义行为获得收益。

由于管理权力和机会主义行为是无法直接观测的潜变量，不能仅仅依赖于某一指标直接计量，而需要采用多指标测度，考虑内生性问题，故本课题拟建立关于机会主义行为、股权激励强度和管理权力的结构方程模型进行研究。其中，机会主义行为的显变量包括反映公告日、行权日、出售日选择机会主义行为的累计超额收益，反映选择性信息披露机会主义行为的信息披露指数，反映改变股利政策机会主义行为的股利支付水平。管理权力表征作为一个拟解决的关键科学问题，是本课题的研究重点之一。

1.3.4 本书内容

由于能够获取的数据与基金项目计划当初的设想发生了一些变化（如统一行权改变为自主行权、缺少高管行权后出售标的股票的信息等），与行权日、出售日等有关研究所需要的数据受到了一些限制，因此有一些研究成果还无法体现在本书中。本书的主要内容包括：高管管理权力理论与综合评价（第2章）；股利分配中，为了降低"行权价"而存在机会主义行为（第3章）；在行权日选择中，为了降低"行权日市价"而减少个人所得税的机会主义行为（第4章）；为了降低行权（股票期权）和解禁（限制性股票）业绩达标难度而存在的针对行权业绩考核基期的盈余管理行为（第5章）；为了行权（股票期权）和解禁（限制性股票）业绩达标而对考核期业绩的盈余管理行为（第6章）；

在激励对象视角的股权激励方式选择上存在的机会主义行为（第7章）；除了以上内容，还包括基于股权激励公司的媒体监督的公司治理作用（第8章）、媒体关注度对公司价值的影响（第9章）和再公告视角的股权激励与保留人才的研究（第10章）。

第2章 管理权力的综合评价

2.1 问题的提出

随着公司所有权与经营权的分离,代理问题成为高管薪酬契约研究的热点问题。最优契约理论强调薪酬契约的有效性和市场机制的合理性,认为股东能够控制董事会,使其按照股东价值最大化原则设计管理层的薪酬,即有效的薪酬契约可以解决股东与经理人之间的委托代理问题。但现实中存在的问题、学术界的研究成果也证实了大量不符合最优契约理论的现象(Bebchuk et al, 2002; Bebchuk and Fried, 2003; Lambert et al, 1993)。学术界以 Bebchuk 等(2002)为代表提出了管理权力理论。该理论认为,代理问题不仅存在于股东与经理人之间,也存在于股东与董事会之间。经理人权力很可能凌驾于董事会之上,从而影响董事会下设的薪酬委员会,使其成为经理人租金攫取行为的权力机构。这种管理权力使得董事会并不是按照股东利益最大化的原则来制订经理人的薪酬契约的,其制订的契约及实施效果也就不符合最优契约理论(Bebchuk, 2002; Bebchuk and Fried, 2003)。

自 Bebchuk 等(2002)提出管理权力理论以来,越来越多的学者将管理权力理论应用于薪酬契约的研究。关于管理权力,美国学者多数采用 CEO 持股比例（Warren，1992；Lambert et al，1993）、CEO 与董事长是否两职合一（Otten et al，2008；Brown and Lee，2010；Carberry，2009；Faulkender and Yang，2010）、CEO 的任期（Carberry，2009；Faulkender and Yang，2010）、董事会中非执行董事的比例（Lambert et al，1993；Otten et al，2008）、董事同时在多家公司任职（Faulkender and Yang，2010；Brown and Lee，2010）、CEO 任命的外部董事数量（Lambert et al，1993；Brown and Lee，2010）、董事会规模（Carberry，2009；Brown and Lee，2010）、董事会中员工代表（Otten et al，2008）等变量进行表征。Essen 等（2015）通过对基于美国公司数据的 219 篇论文的统计分析，归纳出表征管理权力的指标主要有：总经理与董事长是否两职合一、CEO 任期、董事会规模、董事会独立性、股权集中度、机构持股比例等。

国内学者关于管理权力的表征可以分为两类：一类是直接选择一些指标表征管理权力；另一类是在选择的管理权力的一系列表征变量基础上计算一个管理权力的综合指标。当选择一些指标直接表征管理权力时，所选择的指标主要包括：CEO 是否同时兼任董事长（Lin and Lu，2009；权小峰等，2010；孙健和卢闯，2012；王烨，2012；支晓强等，2014）、总经理在职时间（吕长江和赵宇恒，2008；王烨，2012；Lin and Lu，2009）、管理层持股比例（王烨，2012）、执行董事比例（吕长江和赵宇恒，2008）、内部董事比例（王烨，2012）、股权集中度（孙健和卢闯，2012）、领导权结构（吕长江和赵宇恒，2008）等。采用综合指标表征管理权力主要包括：选择股权分散、两职合一、高管长期在位分别定义 3 个单一维度的管理层权力，然后将这 3 个变量合成构建反映管理层权力的综合变量（卢锐和魏明海，2008；赵青华和黄登仕，2011）；采纳了 Finkelstein（1992）认为经理人权力来源为结构权力、专家权力、声望权力、所有权权力 4 个维度的观点，每个维度都选择一些指标，再对选择的指标（主要包括总经理是否是公司内部董事、是否兼任董事长、任职时间是否超过行业中位数、是否具有高级职称、是否持有本公司股票、是否具有高学历、是否在本企业之外兼职、总经理股权激励实施前是否持有本公司股票、机构投资者是否持有本公司股票）运用主成分分析合成一个度量经理人权力的综合指标（权小锋和吴世农，2010；龚永洪和何凡，2013；王新等，2015）。

当选择一系列指标直接表征管理权力时，虽然这些指标都从不同角度在一定程度上说明了管理权力的大小，但无法反映综合管理权力的大小；只基于股权分散、两职合一、高管长期在位3个指标构建的管理权指标缺乏综合代表性。虽然以 Finkelstein（1992）结构权力、专家权力、声望权力、所有权权力4个经理人权力来源为理论依据建立的管理权力的综合评价指标比较全面，但是由于管理权力理论始于国外研究，国内学者在基于中国上市公司的实际情况研究管理权力时，在借鉴国外相关研究的同时应重点考虑中国上市公司的特点。我国资本市场有自身的特点，很多公司国有股权占据着绝对控制地位，虽然股权分置改革使得国有股权集中的现象有所缓解，但相对于成熟资本市场股权仍然是比较集中的；另外，我国国有控股企业中普遍存在着所有者缺位的现象，一般是由国资委代表的政府部门而不是董事会对经营者业绩进行考核。对于民营企业来说，经理人与政府之间存在的政治关联也会在一定程度上影响其通过对董事会的控制达到自定薪酬的能力。因此，在中国上市公司普遍存在的企业与政府之间的政治关联关系也是在应用管理权力理论时应该考虑的问题。

综上，在管理权力研究中，需要一个能够反映中国上市公司管理权力大小的综合指标体系。本书在参考国内外有关管理权力表征变量的基础上，结合中国上市公司的特点，运用综合评价理论和主成分分析方法，以我国资本市场主板上市公司为样本，建立了管理权力综合评价模型，即管理权力指数（Managerial Power Index，MPI），并验证了该指数的合理性。本章的其余部分安排如下：管理权力综合评价指标体系的初步构建；指标筛选、指标权重的确定与管理权力综合评价模型；管理权力综合评价模型的检验。

2.2 管理权力综合评价指标体系的初步构建

根据管理权力的基本内涵,管理权力可以用经理人影响董事会做出薪酬决策的能力来表征(Lambert et al, 1993),也就是说,董事会在决定经理人薪酬的过程中会受到经理人管理权力的影响。本书在国内外已有研究成果的基础上,结合中国上市公司特点,认为管理权力体现在以下4个维度,即公司股权结构、总经理个人特质、董事会特质及监事会特质。

2.2.1 管理权力在公司股权结构方面的体现

由于管理权力理论是针对股东与董事会之间的委托代理关系提出的,因此股权结构会影响到该类委托代理关系。基于中国上市公司的特点,我们认为股权集中度、两权分离度、管理层持股比例、董事会持股比例以及监事会持股比例等变量是管理权力在公司股权结构方面的具体体现。

股权集中度是股权结构的一个重要维度。股东的持股比例会影响股东的行为能力、信息获取与处理能力、监督成本等。股权比较集中时,大股东会有较高的积极性参与公司的经营管理、监督管理层的工作,因此管理层的自利行为就会有所收敛;股权比较分散时,小股东获取和处理信息的能力比较差,他们倾向于选择"搭便车",因此管理层会拥有更多的控制权,对董事会的影响力也会更大(Boeker, 1992;卢锐,2007;Lin and Lu, 2009)。

现代公司的所有权与经营权是相分离的。在两权分离的情况下,由于股东的"搭便车"行为而无法对经理人实施有效的监督,使得经理人拥有了公司的控制权,经理人有可能采取有悖于股东利益的自利行为(Berle and Means, 1932)。因此,公司的两权分离度越大,经理人拥有的控制权就越大,对董事会的影响力也就越大。

随着股权分置改革的完成、公司内外部治理环境的完善，为了使经理人与股东的利益一致，吸引和保留优秀的管理人才，中国上市公司陆续开展了对经理人的股权激励。但是随着经理人股权的不断增加，其控制权不断加大，管理者壕沟防御效应就会越加明显，即经理人会有更多的权力来抵制股东的监督。因此，经理人的管理权力会随着其持股比例的增加而增加（Boeker, 1992; Lambert et al, 1993; Chen et al, 2011）。

上市公司的董事会代表股东大会行使经营决策权，实际上则掌握着公司的控制权。当董事会成员不持有公司股份时，控制权与剩余索取权不匹配，董事会成员不必为其决策失误承担损失；但随着董事会成员持股比例的增加，其利益与股东趋于一致，对经理层的监督也更加有力，经理人难以形成对董事会的控制，其管理权力就会变小。

监事会作为我国上市公司内部治理的法定机构之一，其代表股东和其他利益相关者（如企业员工）对董事会和管理层进行监督。随着监事会持股比例的增加，监事会成员的自身利益与股东利益趋于一致，从而会增强监事会在实现股东利益最大化的同时实现自身利益最大化的动力，强化对董事会和管理层的监督，减少经理人控制董事会的机会，即管理权力就会变小。

2.2.2 管理权力在总经理个人特质方面的体现

虽然管理权力是指企业整个高级管理层凌驾于董事会之上的权力，但是这种权力在总经理身上会有集中体现。总经理是股东的最终代理人，直接参与企业经营决策，在管理层中最具有代理性（吕长江和赵宇恒，2008）。基于中国上市公司的特点，我们认为总经理任期、兼任董事长或董事、是否与政府之间存在政治关联、在其他单位兼职情况、教育背景以及是否受过奖励等是管理权力在总经理个人特质方面的具体体现。

总经理任期对管理权力大小的影响受到学术界的普遍关注（吕长江和赵宇恒，2008；Edward, 2009; Faulkender and Yang, 2010；权小峰等，2010；王烨，2012; Lin and Lu, 2009）。总经理的任期越长，其与控股股东之间的委托代理关系就越稳固，也就越容易形成对董事会的控制，越有能力影响自己薪酬契约的设计。因此，总经理的任期越长，管理权力就越大。

总经理兼任董事长时，总经理在作为被监督对象的同时拥有对董事会的控制权，此时，监事会很难发挥监督作用，总经理有能力通过对董事会的控制来影响自己的薪酬方案设计。因此，两职兼任会增加股东与董事会之间的委托代理成本。总经理兼任公司的董事而不是董事长时，一定程度上仍然能够控制董事会。因此，总经理是否兼任董事长或董事可以作为总经理是否具有管理权力的表征变量（卢锐，2007；吕长江和赵宇恒，2008；Otten et al，2008；Carberry，2009；Lin and Lu，2009；权小峰等，2010；Faulkender and Yang，2010；Brown and Lee，2010）。

中国的资本市场具有新兴与转轨并存的特点，市场化程度比较低，相关法律法规不够完善，相当一部分上市公司是国有企业改造上市，再加上中国传统意义上的"关系文化"，使得企业管理层与政府之间存在着千丝万缕的联系。如果总经理目前或曾经是中央和各级地方政府官员、人大代表和政协委员，则认为其具有政治关联（雷光勇等，2009；刘慧龙等，2010；陈本凤等，2013）。当总经理与政府之间存在密切联系时，企业会更容易获得政府的补贴、银行贷款，甚至垄断收益。总经理为企业带来收益的同时也增强了其在企业的威信。因此，较强的政治关联会伴随着较大的管理权力（Chen et al，2011；陈本凤等，2013）。

当总经理在其他企业的董事会中兼任董事时，企业间的关联关系会增强总经理在企业中的地位，使得其对董事会的决策有更大的影响力。总经理的学历程度也会对其管理权力产生影响，总经理的学历越高，其拥有的知识水平越高，人脉越广，对董事会的影响力就越大（陈本凤等，2013；Chen et al，2011）。同样，当总经理受到荣誉嘉奖时，如享受国务院特殊津贴、被评为劳动模范等，会使其对董事会有更大的影响力（Dennis and Henry，1983；Malmendier and Tate，2005）。

2.2.3 管理权力在董事会特质方面的体现

董事会作为公司治理机制的重要组成部分，代表股东大会行使战略经营决策权，制订经理人的薪酬方案等。因此，股东与董事会之间委托代理问题的严重程度，即管理权力大小与董事会特征密切相关。基于中国上市公司的特点，我们认为董事会规模、独立董事比例、董事会会议次数和未领取薪酬的董事比例等变量是管理权力在董事会特质方面的具体体现。

董事会规模相对较大时，可以容纳更多领域的专家，有利于提高决策质量，加强对管理层的监督，管理层就难以对董事会形成控制；而董事会规模相对较小时，管理层更有可能干涉董事会的决策，而且较小的董事会规模使得管理层有可能通过对少数股东的控制来影响董事会的决策。因此，董事会规模越大，管理权力就越小（权小峰等，2010）。

独立董事依照相关法律法规和公司章程对上市公司及全体股东负有诚信与勤勉义务，尤其要保护中小股东的合法权益不受损害。独立董事应该对上市公司的重大事件发表独立意见，其中包括对聘任或解聘高级管理人员和高级管理人员的薪酬计划发表独立意见。董事会中独立董事的比例越高，董事会对管理层的监督能力就越强，管理权力也就越小（Carberry，2009；Brown and Lee，2010）。

董事会通过会议投票表决的方式来履行职责，董事会会议的频率在一定程度上可以反映董事会对经理人员监督的积极性。董事会会议越频繁，就越能及时发现并制止管理层的寻租行为。因此，董事会每年召开的会议次数越多，管理权力就越小。

上市公司董事的独立性受到损害的原因主要来自薪酬的压力。当董事在上市公司领取薪酬时，董事会更倾向于发表对董事自身薪酬有利或不影响其薪酬的意见，因而很难发表独立意见。董事缺乏独立性就为经理人自定薪酬提供了机会。因此，未领取薪酬的董事比例越低，管理权力就越大。

2.2.4 管理权力在监事会特质方面的体现

监事会有效履行职责可以防止管理层与董事会合谋或者管理层通过对董事会的控制来自定薪酬。因此，管理权力综合评价指标体系构建中应该包括监事会特质指标。基于中国上市公司的特点，我们认为监事会规模、监事会会议次数、未领取薪酬的监事比例等变量是管理权力在监事会特质方面的具体体现。

随着监事会规模的增大，会有更多的具有内部控制或财务经验的专家进入监事会，可以形成对董事会和管理层更有力的监督。因此，监事会的规模越大，管理权力就越小（黄婷艳，2011）。监事会会议次数与董事会会议次数对管理权力大小的影响类似，监事会召开会议的频率越高，就越反映监事有责任心。监事会的尽职在一定程度上会遏制管理者的自利行为。因此，监事会会议次数越多，管理权力就越小。监事会成员尽职工作的前提是保持其独立性，如果监事在上市公司领取薪酬就会降低监事的独立性，对董事会和管理层的监督就会减弱。因此，监事会中未领取薪酬的监事比例越高，管理权力就越小。

基于上述分析以及指标体系构建的可操作性、完整性、科学性和简约性的原则（杨雄胜和臻黛，1998；郭亚军，2012），本书初步构建的管理权力综合评价指标体系如表2.1所示。

表2.1 初步构建的管理权力综合评价指标体系

维度	评价指标	指标的含义及计算方法	指标方向
股权结构	股权集中度（X_1）	第一大股东持股比例	−
	两权分离度（X_2）	反映控制权与所有权之间的分离程度。两权分离度等于实际控制人的表决权与其现金流权之间的差值	+
	总经理持股比例（X_3）	总经理持股数/公司股份总数	+
	董事会持股比例（X_4）	董事会成员持股数/公司股份总数	−

续表

维度	评价指标	指标的含义及计算方法	指标方向
股权结构	监事会持股比例（X_5）	监事会成员持股数/公司股份总数	−
	高管持股比例（X_6）	总经理、副总经理和董秘等高管持股数/公司股份总数	+
总经理个人	总经理任期（X_7）	总经理从上任到统计当年在职月数/12	+
	总经理兼任董事长或董事（X_8）	总经理兼任董事长时取值2，兼任董事时取值1，否则取值0	+
	总经理是否具有政治关联（X_9）	总经理目前处于政治关联状态时取值2，曾经处于政治关联状态时取值1，否则取值0	+
	总经理在其他单位兼职情况（X_{10}）	总经理在其他企业担任董事时取值1，否则取值0	+
	总经理教育背景（X_{11}）	总经理的学历为中专及中专以下时取值1，为大专时取值2，为本科时取值3，为硕士研究生时取值4，为博士研究生时取值5	+
	总经理是否受过奖励（X_{12}）	当总经理享受国务院特殊津贴、被评为年度人物或劳动模范等时取值1，否则取值0	+
董事会	董事会规模（X_{13}）	董事会成员数量	−
	独立董事比例（X_{14}）	董事会中独立董事的数量/董事会成员数量	−
	年度董事会会议次数（X_{15}）	每年召开董事会会议的次数	−
	未领取薪酬的董事比例（X_{16}）	董事会中未在上市公司领取薪酬的董事数量/董事会成员数量	−
监事会	监事会规模（X_{17}）	监事会成员数量	−
	年度监事会会议次数（X_{18}）	每年召开监事会会议的次数	−
	未领取薪酬的监事比例（X_{19}）	监事会中未在上市公司领取薪酬的监事数量/监事会成员数量	−

2.3 管理权力综合评价指标筛选及权重确定

2.3.1 指标筛选

本书运用主成分分析方法对上述初步构建的管理权力综合评价指标进行筛选。数据取自2009年1月1日至2014年12月31日的主板上市公司，并进行了以下剔除：①剔除了金融行业的上市公司。②剔除了总经理当年发生换届的上市公司。③剔除了总经理未在上市公司领取薪酬的上市公司。④剔除了没有控股股东和实际控制人的上市公司。⑤剔除了相关指标数据不全的上市公司。

运用均值法构造协方差阵进行主成分分析，发现最小特征根接近于零，这说明标准化后的原始变量之间存在着多重共线性，需要对初选的评价指标进行筛选（何晓群，2004）。求出协方差阵的特征值与特征向量后，删除近似为零的最小特征值所对应的特征向量中最大分量所对应的指标，经过有限次主成分分析后，直到最小的特征值不是很小为止，剩下的指标则构成最终的指标体系（钱争鸣和陈伟彦，1999）。筛选后得到的管理权力综合评价指标体系如表2.2所示。

表2.2 管理权力综合评价指标体系

目标指向	一级指标	二级指标
管理权力指数	股权结构特征	股权集中度（X_1）
		两权分离度（X_2）
		董事会持股比例（X_4）

续表

目标指向	一级指标	二级指标
管理权力指数	总经理个人特征	总经理任期（X_7）
		总经理兼任董事长或董事（X_8）
		总经理是否具有政治关联（X_9）
		总经理在其他单位兼职情况（X_{10}）
		总经理教育背景（X_{11}）
		总经理是否受过奖励（X_{12}）
	董事会特征	董事会规模（X_{13}）
		独立董事比例（X_{14}）
		年度董事会会议次数（X_{15}）
		未领取薪酬的董事比例（X_{16}）
	监事会特征	监事会规模（X_{17}）
		年度监事会会议次数（X_{18}）
		未领取薪酬的监事比例（X_{19}）

2.3.2 指标权重确定

运用主成分分析法确定指标权重（白重恩等，2005；权小峰等，2010）。根据上述16个标准化后的指标可得到各主成分的特征根、方差贡献率和累计方差贡献率，如表2.3所示。

表2.3 各主成分的特征根、方差贡献率和累计方差贡献率

成分	初始特征值			提取平方和载入		
	合计	方差贡献率/%	累计方差贡献率/%	合计	方差贡献率/%	累计方差贡献率/%
1	0.259	29.440	29.440	0.259	29.440	29.440
2	0.137	15.631	45.071	0.137	15.631	45.071
3	0.105	11.955	57.026	0.105	11.955	57.026
4	0.070	7.927	64.953	0.070	7.927	64.953

续表

成分	初始特征值			提取平方和载入		
	合计	方差贡献率/%	累计方差贡献率/%	合计	方差贡献率/%	累计方差贡献率/%
5	0.058	6.633	71.586	0.058	6.633	71.586
6	0.054	6.149	77.735	0.054	6.149	77.735
7	0.050	5.686	83.421	0.050	5.686	83.421
8	0.036	4.058	87.479			
9	0.028	3.205	90.684			
10	0.020	2.298	92.982			
11	0.017	1.890	94.872			
12	0.013	1.507	96.379			
13	0.012	1.391	97.770			
14	0.008	0.954	98.724			
15	0.007	0.762	99.486			
16	0.005	0.514	100.000			

表2.3说明，前7项主成分的累计方差贡献率为83.421%，因此可以用前7个主成分代表原来的16个指标。无量纲化后，对应指标的成分得分系数矩阵如表2.4所示。

表2.4 成分得分系数矩阵

指标	成分						
	1	2	3	4	5	6	7
X_1	-0.031	0.852	0.106	0.002	0.007	-0.007	-0.005
X_2	-0.069	-0.144	0.969	-0.063	0.108	-0.036	-0.052
X_4	-0.011	-0.011	0.008	0.002	0.003	-0.010	-0.012
X_7	0.000	0.013	0.018	0.002	0.026	-0.016	0.036
X_8	-0.007	0.027	0.076	-0.055	-0.005	-0.086	0.989
X_9	-0.044	-0.058	0.045	-0.037	-0.095	1.023	-0.050

续表

指标	成分						
	1	2	3	4	5	6	7
X_{10}	-0.023	0.043	-0.037	1.011	-0.025	-0.043	-0.068
X_{11}	-0.010	-0.028	-0.106	0.035	0.043	-0.117	0.066
X_{12}	-0.019	0.000	-0.091	-0.066	1.011	-0.094	-0.093
X_{13}	-0.012	0.160	0.025	-0.002	0.004	0.003	0.005
X_{14}	-0.006	-0.040	0.008	-0.002	-0.001	0.004	-0.002
X_{15}	-0.002	0.003	-0.008	-0.001	0.003	-0.002	0.001
X_{16}	0.453	-0.195	0.088	-0.020	-0.024	-0.057	0.123
X_{17}	-0.003	0.014	0.053	-0.006	0.006	0.000	0.018
X_{18}	-0.004	-0.004	-0.025	0.002	0.001	-0.001	000
X_{19}	0.662	0.198	0.105	0.030	-0.008	-0.055	-0.234

通过表2.4可以反映出各个主成分所解释的主要指标：第一主成分主要解释了 X_{16} 和 X_{19}，即未领取薪酬的董事比例和未领取薪酬的监事比例；第二主成分主要解释了 X_1，即第一大股东持股比例；第三主成分主要解释了 X_2，即两权分离度；第四主成分主要解释了 X_{10}，即总经理在其他单位兼职情况；第五主成分主要解释了 X_{12}，即总经理是否受过奖励；第六主成分主要解释了 X_9，即总经理是否具有政治关联；第七主成分主要解释了 X_8，即总经理兼任董事长或董事。

2.3.3 管理权力综合评价模型

通过各个主成分所解释的主要指标可以得出对管理权力大小影响较大的因素主要有如下8个指标：未领取薪酬的董事比例、未领取薪酬的监事比例、第一大股东持股比例、两权分离度、总经理在其他单位兼职情况、总经理是否受过奖励、总经理是否具有政治关联以及总经理兼任董事长或董事。

由成分得分系数矩阵可得：

$$F_1 = -0.031ZX_1 - 0.069ZX_2 - 0.011ZX_4 - 0.007ZX_8 - 0.044ZX_9 -$$
$$0.023ZX_{10} - 0.01ZX_{11} - 0.019ZX_{12} - 0.012ZX_{13} - 0.006ZX_{14} -$$
$$0.002ZX_{15} + 0.453ZX_{16} + 0.003ZX_{17} - 0.004ZX_{18} + 0.662ZX_{19}$$

同理可以写出 F_2、F_3、F_4、F_5、F_6、F_7 的表达式。其中，Z 表示无量纲化值；公式中 X 所代表的含义及计算方法如表 2.4 所示。最终得到的管理权力综合评价模型，即管理权力指数（MPI）的表达式为：

$$\text{MPI} = 0.259F_1 + 0.137F_2 + 0.105F_3 + 0.07F_4 + 0.058F_5$$
$$+ 0.054F_6 + 0.05F_7$$

2.4 管理权力综合评价模型的检验

由于管理权力理论主要应用于经理人薪酬契约的研究（Thomas，2003；Jensen and Murphy，2004；Faulkender and Yang，2010；权小锋等，2010；Chen 等，2011；王清刚和胡亚军，2011；陈震和丁忠明，2011），因此我们通过验证管理权力综合评价模型（管理权力指数）与薪酬差距之间的关系来对本书所得到的管理权力综合评价模型进行检验。

2.4.1 管理权力指数与薪酬差距关系的假设

管理权力理论认为，总经理的管理权力越大，股东与董事会之间的委托代理问题越严重，董事会对总经理的监管作用越弱，总经理自利行为的空间越大，总经理与员工之间的薪酬差距（以下简称"薪酬差距"）就越大（卢锐，2007；黎文靖和胡玉明，2012）。由于国有控股上市公司薪酬在一定程度上受到国资委的监管，加之国有控股上市公司高管在职消费等非货币收益高于非国有控股上市公司的高管，因此关于管理权力与薪酬差距之间的关系，本书提出以下两个假设：

假设 2.1：管理权力指数与薪酬差距正相关。

假设 2.2：国有控股上市公司管理权力与薪酬差距的相关性弱于非

国有控股上市公司。

2.4.2 假设检验的模型及变量

本书通过建立以下模型来对上述假设进行检验：

$$\ln Paygap = \alpha_0 + \alpha_1 MPI + \alpha_2 ROA + \alpha_3 SIZE + \alpha_4 RISK + \alpha_5 IND + \alpha_6 YEAR + \varepsilon$$

模型中的因变量、自变量、控制变量、调节变量的含义及计量如表2.5所示。

表2.5 变量含义及其计量

变量种类	变量名称	变量符号	变量含义	变量的计量
因变量	薪酬差距	Paygap	总经理薪酬与员工平均薪酬的差距	总经理薪酬－(员工薪酬总额－总经理薪酬)/(员工总数－1)
自变量	管理权力指数	MPI	管理权力综合评价模型	根据本书得到的管理权力综合评价模型计算
控制变量	经营业绩	ROA	总资产报酬率	净利润/平均总资产
	资产规模	SIZE	总资产规模	期末总资产的自然对数
	财务风险	RISK	负债经营所导致的风险	期末负债总额/期末资产总额
调节变量	行业	IND	行业虚拟变量	若属于该行业则取1，否则取0①
	年度	YEAR	年度虚拟变量	若属于2009、2010和2011年则取1，否则取0

2.4.3 管理权力指数的描述性统计分析

本书在前文所选择的样本基础上，进一步剔除了检验模型中涉及的变量的财务数据缺失和极端值后，共得到1 276家样本公司，其中国有

---

① 以中国证监会颁布的《上市公司行业分类指引》为分类标准，分为13个行业，剔除其中的金融行业。

控股公司 785 个，非国有控股公司 491 个。表 2.6 和表 2.7 分别为不同控股性质公司和不同行业的管理权力指数的描述性统计。

表 2.6 不同控股性质公司的管理权力指数

控股性质	样本量	极大值	极小值	均值	标准差
全样本	1 276	1.30	−1.37	0.008 9	0.456 3
国有控股公司	785	1.30	−1.37	−0.097 0	0.431 6
非国有控股公司	491	1.15	−1.09	0.178 2	0.443 8

表 2.6 说明，非国有控股公司管理权力指数的均值与标准差均高于国有控股公司，这说明非国有控股公司的总经理更容易形成对董事会的控制，其自定薪酬的能力也应该更强；同时，其管理权力指数的离散程度更大，说明不同非国有控股公司之间管理权大小差距更大。

表 2.7 不同行业的管理权力指数

行业	样本量	极小值	极大值	均值	标准差
农、林、牧、渔业	17	0.61	−0.044	0.025 3	0.284 3
采掘业	42	−1.30	0.94	−0.191 4	0.546 9
制造业	673	−1.37	1.05	0.033 3	0.429 2
电力、煤气及水的生产和供应业	60	−1.11	0.73	−0.232 2	0.484 6
建筑业	28	−0.70	1.15	0.176 4	0.519 2
交通运输、仓储业	76	−0.93	0.81	−0.090 0	0.414 9
信息技术业	70	−1.06	0.79	−0.054 3	0.473 4
批发和零售贸易	98	−0.95	0.96	0.038 5	0.431 1
房地产业	114	−1.01	0.98	0.044 8	0.496 2
社会服务业	44	−0.91	0.89	0.011 1	0.468 7
传播与文化产业	13	−0.95	0.63	−0.100 0	0.456 8
综合类	41	−0.68	1.30	0.196 6	0.538 20

表2.7说明,综合类、建筑业的管理权力要比社会服务业和农、林、牧、渔业的管理权力大;农、林、牧、渔业各公司之间管理权力差距较小。

2.4.4 管理权力指数与薪酬差距的关系

全样本、国有控股及非国有控股样本公司的 Pearson 相关分析结果如表2.8所示。

表2.8 相关分析结果

自变量	因变量 lnPaygap					
	全样本		非国有控股公司		国有控股公司	
MPI	0.058**	(0.039)	0.110**	(0.014)	0.036	(0.317)
SIZE	0.417***	(0.000)	0.509***	(0.000)	0.388***	(0.000)
RISK	-0.076***	(0.006)	-0.107**	(0.017)	-0.064*	(0.073)
ROA	0.094***	(0.001)	0.092**	(0.041)	0.154***	(0.000)

注:*** 表示在1%水平上显著相关;** 表示在5%水平上显著相关;* 表示在10%水平上显著相关。

表2.8说明,全样本中管理权力指数 MPI 与 lnPaygap 在5%的显著性水平下呈显著正相关,这说明总经理与员工间的薪酬差距会随管理权力的增大而增大,即假设2.1成立。不论是非国有控股公司还是国有控股公司,其管理权力指数与薪酬差距均为正相关关系,但是非国有控股公司该关系在5%的水平上显著,而国有控股公司该关系并没有通过显著性检验,即假设2.2成立。

综上所述,相关性分析的结果初步证实了所建立的管理权力综合评价指标体系,即管理权力指数的合理性。

2.5 本章小结

本书基于国内外已有研究成果和中国上市公司特点,运用主成分分析法，从 4 个维度构建了 16 个指标对管理权力进行综合评价，并通过管理权力指数和总经理与员工薪酬差距的相关性分析初步证明了所建立的管理权力综合评价指标体系的合理性。但由于本书是第一本研究管理权力综合评价的书，因此在评价指标选取及评价方法选择方面还存在一定的问题，需要进一步的研究。另外，本书是通过验证管理权力指数与薪酬差距之间的正相关关系来验证所建立的评价模型合理性的，还可以从管理权力指数与薪酬业绩敏感性的关系、管理权力对公司价值的影响等角度来对综合评价模型进行进一步的检验。

第3章 以降低行权价为目的的股利分配中的机会主义行为

3.1 问题的提出

我国公司经理人股权激励真正启动的标志是 2005 年 12 月 31 日证监会颁布的《管理办法》。从该办法 2006 年 1 月 1 日正式实施到 2011 年 6 月 30 日,上海、深圳两市共有 214 家公司公告了股权激励方案。继《管理办法》出台后,作为监管层的证监会、国资委和财政部先后又出台了 3 个备忘录、国有控股企业股权激励有关问题的补充通知等一系列进一步规范股权激励的文件,这些文件所规范的内容大多都与限制经理人的操纵行为有关。本书通过对 2006 年以来公告股权激励计划的公司的跟踪研究,发现该类公司股利支付水平较高,且支付的频率也较高。

股利分配的决策权应该掌握在董事会和股东大会手中,但也会受到经理人的影响,特别是在我国上市公司两职兼任现象比较严重的治理环境下。理论上讲,股权激励应该是对经理人的激励,但在两职兼任情况下,我国上市公司中很多激励对象都是董事会成员①。作为股权激励对

---

① 肖淑芳、罗芝研究发现,《管理办法》颁布后到 2010 年 1 月月底公告的 110 个股票期权计划中,100% 的公司的激励对象中包括董事。

象同时又参与股利分配决策的公司管理层（包括经理和董事）是否有可能采取使他们股权激励收益最大化的股利政策呢？

在股权激励对公司股利政策影响方面，国外已经有丰富的研究成果，结论也具有一定的一致性，即股权激励导致公司降低了股利支付水平而提高了股票回购的数量；仅有 Liljeblom 等（2006）和 Wu 等（2008）得到了股权激励与股利支付水平正相关的结论。国内的相关研究很少，仅有的研究是肖淑芳等（2009）分析了中国上市公司股权激励的实施对股票股利和公积金转增（以下简称送转股）的影响，结论是经理人有目的地利用高送转来降低行权价格，提高股权激励收益。

股权激励收益应该是激励对象行权后出售标的股票时的售价与行权价格之间的差额。股权激励设计的初衷是希望激励对象与股东的利益趋同，通过激励对象的努力工作来提高股价，在股东受益的同时使激励对象获利。但是信息不对称、不完善的公司治理环境、市场的不完善等使得股价的变化不完全取决于经理人的努力。因此，股权激励收益可以分为努力性收益与非努力性收益。若经理人能通过盈余管理、选择性信息披露等机会主义行为获得更多的非努力性的股权激励收益，其努力工作的程度就会减弱，其结果有可能是在经理人获得股权激励收益的同时，广大股东并没有获得相应的收益，这就会降低股权激励效应。

股权激励对股利政策的影响为什么会有不同的结论？中国上市公司股权激励的实施对股利政策究竟有什么影响？股利政策是否是经理人为了获得非努力性股权激励收益而采取的一种机会主义行为？虽然肖淑芳等（2008）对此进行了研究，但是她们也只分析了送转股，并没有分析现金股利的情况；另外，由于论文写作时间原因也只分析到2008年7月份的数据。股权激励公司是否依然青睐于"高送转"，是否也同时采取提高现金股利水平的方式使股权激励的收益最大化，这是本书要研究的内容。

3.2 股利分配中的机会主义行为的理论分析与研究假设

美国学者对于经理人股权激励与公司股利政策之间的关系进行了大量的研究，但多数集中在股票期权对现金股利和股票回购的影响上。

20世纪八九十年代，美国上市公司盛行以股票回购代替现金的方式给股东发放现金股利。部分美国学者认为，导致这种现象的根源在于股票期权计划的实施，具体有两种观点：一种观点认为，选择现金股利与选择股票回购对经理人持有的股票期权价值的影响是截然不同的。公司分配现金股利后，股价将会下跌，而期权的行权价不变，无形之中经理人的股票期权价值将会下降；选择股票回购则有可能使股价上升。不言而喻，理性的经理人会倾向于用股票回购来代替现金股利，从而避免他们手中的股票期权价值下降。实证检验得到了实施经理人股票期权的公司倾向于股票回购而不是发放现金股利的结论（Dunsby，1994；Bartov et al，1998；Jolls，1998；Fenn et al，2001；Kahle，2002）。Kahle（2002）将其称为"管理者财富假说"或"替代假说"（Managerial Wealth Hypothesis or Substitutes Hypothesis）。另一种观点认为，股票期权的行权意味着流通在外的股票数量增加，每股收益将被稀释。若在股票期权行权之前进行股票回购，则可减少流通在外的股票数量，为即将行权的期权储备股份，防止每股收益被稀释。实证检验得到了股票回购数量与经理人股票期权数量呈正相关关系的结论（Dittmar，2000；Weisbenner，2000；Kahle，2002；Bens et al，2003）。Kahle（2002）将其称为"期权提供假说"（Option Funding Hypothesis）。在解释股票回购代替现金股利的现象时，"管理者财富假说"和"期权提供假说"被合并称为"股票期权假说"。

以上美国学者研究结论的得出是基于非股利保护型股票期权的。美国企业的经理人股票期权计划一般是非股利保护型的。例如，在

Weistenner（1998）研究的 799 个授予股票期权的样本公司中，其中 797 家公司的期权计划为非股利保护型，只有 2 家公司授予的股票期权是股利保护型的；Murphy（1998）指出，只有 1% 的 CEO 股票期权是股利保护型的。所谓非股利保护型股票期权，是指股票期权的行权价格在期权被授予时就确定了，之后不随股利分配等除权除息事件而调整，故又称为固定计划期权（Fixed Plan Options）。很显然，非股利保护型意味着任何现金股利都不会支付给股票期权持有者，随着现金股利支付的增加，股票期权价值是下降的，反之亦然。例如，期权寿命为 10 年，股票的波动性为 30%，无风险利率为 5%，股利收益率由 2% 降为 1%，则利用 B-S 模型估计的股票期权价值上升 18%，若股利收益率为 0，则期权价值增加 39%（Weistenner，2000）。而股利保护型股票期权是指当发生除权事件（股利分配、配股等）时行权价是可以调整的，因此又称为变动计划期权（Variable Plan Options）。很显然，现金股利的支付不会导致股利保护型股票期权的价值下降。

为什么美国大多数股票期权是非股利保护型呢？原因在于美国股票期权费用的会计处理方法。1972 年，美国会计原则委员会（Accounting Principles Board，APB）发布第 25 号意见书《向员工发行股票的会计处理方法》（以下简称 APB25），该意见书规定，采用内在价值法计量员工股票期权价值，即将股票期权行权价低于股票价格的部分确认为薪酬费用。对于固定计划期权（即非股利保护型股票期权），行权价在授予日就确定了，如果行权价高于或等于授予日当天的股价，那么内在价值为零，公司就不会发生需要确认的薪酬费用。相反，对于变动计划期权（即股利保护型股票期权），由于行权价取决于未来的不确定事件，所以有可能产生需要在利润表中确认的薪酬费用。因此，美国公司有很强的动机选择固定计划期权而非变动计划期权，以此来避免利润表中费用的增加。1995 年，美国财务会计准则委员会（Financial Accounting Standards Board，FASB）颁布 123 号公告《股票期权薪酬的会计处理办法》（以下简称 FASB123），与 APB25 的不同之处在于，FASB123 主张运用公允价值法计量股票期权薪酬费用，这样通常会导致利润表中的费用增加。然而迫于企业的压力，FASB123 允许企业仍然可以采用 APB25 的会计处理办法，但需要在财务报表的附注中披露按照公允价值法计算的期权费用对于损益的影响。FASB123 生效后，只有极少数公司采用 FASB123 的会计处理办法，大部分公司仍沿用内在价值法计量股票期权费用。2001 年，安然的财务舞弊事件掀起了公司财务报告改革的风暴，投资者将会计失败部分地归咎于股票期权费用内在价值法的运用，因此越来越多的公司开始自愿采用 FASB123 要求的公允价值法。据 Hall 等（2003）统计，2003 年年初，美国超过 200 家公司开始自愿转向 FASB123。此时，运用公允价值法计量股票期权的公司也就没有必要再选择非股利保护型股票期权了，"股票期权假说"也就逐渐失去了其存在的前提条件。因此，本书提到的股票期权与现金股利负相关而与股票回购呈正相关的关系，以及该类结论的前提条件，即非股利保护型股票期权计划主要指美国 2001 年之前的情况，支持此结论的文献选取的样本也绝大多数是 2001 年之前的样本。

与美国相反，中国的股票期权是股利保护型的。中国证监会颁布的《管理办法》第二十五条规定：上市公司因标的股票除权、除息或其他原因需要调整行权价或股票期权数量的，可以按照股票期权计划规定的原则和方式进行调整，即我国实行股票期权的公司分配现金股利时，股票期权的行权价会随着股价相应地下调，调整公式为：

$$P = P_0 - V$$

式中，P_0 为调整前的行权价；P 为调整后的行权价；V 为每股的派现额。

这样期权价值不会因分红而贬值。因此，拥有股利保护型期权的中国经理人的行为应与美国的公司经理人有所不同，并不会为了避免期权价值受损而减少现金股利的分配。由此可以推测，中国上市公司的现金股利分配与股票期权实施的关系应该与美国有所不同。

通过对股权激励公司的跟踪调查，我们发现，中国推出股权激励计划的上市公司往往倾向于高分红或高送转股。齐心文具于 2011 年 2 月推出了股权激励计划，2012 年 2 月 29 日披露了 "10 转 10 股派 1 元"

的分配预案。同一天，东方园林推出了"每10股转10股"方案；洪涛股份也推出了"10转10股派1.5元"的方案，且这两家公司也是于2011年公告的股权激励计划。

有学者对实施股利保护型股票期权公司的股利政策进行了研究，结果与我们观察到的现象一致。Liljeblom等（2006）采用了芬兰资本市场的数据，其中有41%的期权为股利保护型，他们发现，当期权为股利保护型时，股利分配与股票期权呈现出显著的正相关关系，结果与美国的结论恰好相反。Wu等（2008）考察了中国台湾1 035家实施股利保护型股票期权的上市公司，也得出了经理人股票期权与现金股利呈显著正相关关系的结论。

就股利保护型期权来说，利用中国大陆上市公司的数据应该得到与芬兰和中国台湾相同的结论。另外，中国的资本市场是弱势有效市场，经理人的努力不一定都能反映在股价的提升上，这个长远的利益既看不见，也摸不着。但眼前的利益非常明显：通过简单的派发股利就可以降低行权价，虽然股价同时下降了，但毕竟从授权到行权再到禁售期满往往需要几年的时间，未来的股价是无法预测的，把握住现在的机会才是明智的选择。因此，本书提出假设3.1：

假设3.1：股权激励计划的实施对现金股利支付水平有正向影响。

另外，《管理办法》中规定，上市公司在送红股或公积金转增后，需对行权价和行权数量进行相应的调整，公式分为：

$$P = P_0 / (1 + n)$$

与

$$Q = Q_0 (1 + n)$$

式中，P_0为调整前的行权价；P为调整后的行权价；Q_0为调整前的股票期权数量；Q为调整后的股票期权数量；n为每股的资本公积金转增股本、派送股票红利、股票拆细的比率（即每股股票经转增、送股或拆细后增加的股票数量）。

可以看出，送转股后对行权价和行权数量的调整使得股票期权的价值保持不变。从这一点来看，股票期权仍然是股利保护型的，和现金股利的情况同理，上市公司经理人也不用担心送转股的行为会影响他们所持有的股票期权的价值。

根据长期对股权激励公司公告的跟踪，我们发现，该类公司的送转股的支付水平较高，频率也较高。国内外将股权激励与送转股结合起来研究的文章非常少，肖淑芳等（2009）以2006年1月1日至2008年7月30日上海、深圳两市首次披露股票期权激励计划的上市公司为研究对象，研究实施股权激励公司的经理人的行权价操纵行为及其影响因素。结果表明，送转股是经理人操纵其股票期权收益的主要方式，经理人有目的地利用提高送转股水平方式降低行权价，通过市场的"价格幻觉"来提高股权激励收益。

对于股权激励公司"高送转"的现象，我们认为：原因之一与现金股利相同，即送转股能够大幅度降低股票期权的行权价，极大地满足经理人对眼前利益的追求；原因之二是送转股能够带来异常超额收益。何涛等（2003）认为，国外的最优交易区间理论和信号传递理论不能解释我国的送转股行为，而"价格幻觉假设"可以很好地解释我国经理人送转股的动机：当上市公司通过送转股行为使得股票价格下降后，一部分新的投资者仅从上市公司的绝对股价来判断股票的价值，会认为低价股更便宜，喜欢购买低价股。上市公司正是利用了这个现象，通过送转股行为将股价降低，使分析能力较差的投资者认为其发现了"便宜货"，从而购买该股票，使得该股票的价格将上涨。而上市公司就是在这个股票填权的过程中，达到了提升企业市值的目的。也有学者得到了送转股具有长期异常超额收益的结论。McNichols等（1990）研究了美国股市1976—1983年3 015次股票股利和股票分割，发现分配方案宣告1年后样本公司存在正的异常收益，并且其股票股利和股票拆分的比例与异常收益率正相关。他们认为，这是因为发放股票股利和股票拆分的行为可以传递上市公司经理层乐观的信息，由此预期公司盈利将增长，股票价格将上升。Ikenberry等（1996）研究了美国股市1975—1990年1 275次1股拆成2股的股票1～3年的收益，发现股票分割公告日后1年与3年的股票平均持有异常收益分别为7.93%和12.15%。Desai等

（1997）也进行了类似的研究，他们以美国股票市场上 1976—1991 年 5 596 次股票分割与 76 次股票反分割为研究对象，发现股票分割公告日后 1 年与 3 年的股票平均持有异常收益分别为 7.05% 和 11.87%；而股票反分割公告日后 1 年与 3 年的股票平均持有异常收益分别为 -10.76% 与 -33.90%。肖淑芳等（2012）以 1995 年 1 月 1 日—2008 年 12 月 31 日上海、深圳两市公告送转股的 A 股上市公司为样本，研究了送转股后公司长期收益率的变化情况，结果表明，送转股后公司存在长期超额收益且收益率为正。这间接说明在弱式效率的中国证券市场上，送转股这一行为向市场传递了公司具有良好发展前景这一积极信号。

由此看来，我国实施股权激励的公司热衷于"高分红、高送转"的原因就很明显了：现金股利和送转股行为都能够满足经理人的眼前利益，即尽可能地降低股票期权的行权价；送转股具有超额收益的特点，这将会有效地刺激股价，使经理人最大限度地从股票期权中获益。从《管理办法》规定的调整公式可以看出，相比于现金股利，送转股更能有效地降低行权价，这可能成为经理人谋取股票期权收益较为偏爱的一种方式。由此提出假设 3.2。

假设 3.2（a）：股权激励计划的实施对送转股水平有正向影响。

假设 3.2（b）：相比于现金股利，股权激励计划的实施对送转股水平有更大程度的正向影响。

3.3 模型建立、变量定义与样本选择

3.3.1 模型建立与变量定义

国内很多学者对我国上市公司股利政策的影响因素进行了研究，得出了公司规模、盈利能力、负债水平、成长机会等对股利政策有影响的结论（熊德华等，2007；党红，2008；阎大颖，2004；易颜新等，2008）。根据对股权激励影响因素的文献的回顾，我们发现，影响现金

股利水平和送转股水平的一些因素也同样影响着股权激励，例如，上市公司的资产规模、所处的行业以及公司的盈利能力都可能反过来影响股权激励（吕长江，2011；曹开悦，2007；宋兆刚，2006）。也就是说，股权激励与股利政策的作用是交互的，股权激励本身可能是内生的。现有的研究多数没有考虑股权激励的内生性问题，存在很大的局限性，仅使用简单的最小二乘法对参数进行估计不够准确，因此，本书试图构建联立方程，运用两阶段最小二乘法来解决股权激励的内生性问题。参照已有文献，影响股权激励的因素主要有股权性质、行业、管理层现金薪酬、管理层平均年龄、上市时间等，由此建立如下联立方程：

联立方程（3.1）：

$$SD = \beta_0 + \beta_1 EI + \beta_2 ONCF + \beta_3 PX + \beta_4 TIME + \beta_5 CAPACITY + \beta_6 PRIVATE + \beta_7 EPS + \beta_8 GROWTH + \varepsilon_1$$

$$EI = \alpha_0 + \alpha_1 PRIVATE + \alpha_2 TEC + \alpha_3 TIME + \alpha_4 AGE + \alpha_5 SALARY + \alpha_6 EPS + \alpha_7 SIZE + \alpha_8 GROWTH + \alpha_9 LEV + \varepsilon_2$$

联立方程（3.2）：

$$CD = \gamma_0 + \gamma_1 EI + \gamma_2 SH10 + \gamma_3 LEV + \gamma_4 ONCF + \gamma_5 GROWTH + \gamma_6 SIZE + \gamma_7 EPS + \varepsilon_3$$

$$EI = \eta_0 + \eta_1 PRIVATE + \eta_2 TEC + \eta_3 TIME + \eta_4 AGE + \eta_5 SALARY + \eta_6 EPS + \eta_7 SIZE + \eta_8 GROWTH + \eta_9 LEV + \varepsilon_4$$

联立方程（3.1）研究股权激励对送转股水平的影响，联立方程（3.2）研究股权激励对现金股利水平的影响。在联立方程（3.1）的SD方程中，自变量TIME、PRIVATE、EPS、GROWTH不仅影响因变量SD，也影响着自变量EI；同样，在联立方程（3.2）的CD方程中，自变量LEV、GROWTH、SIZE、EPS不仅影响因变量CD，也影响自变量EI。可以看出，若仅仅建立单方程进行回归分析，则模型会存在内生性问题。因此，建立一个EI方程，方程中EI是因变量，自变量为影响股权激励的因素。将EI方程分别与SD方程和CD方程联立，组成两个联立方程组，解决股权激励的内生性问题。

模型中的具体变量及其定义见表3.1。

表 3.1　模型中的具体变量及其定义

性质	变量名称	符号	定义
内生变量	送转股	SD	每 10 股股票股利 + 每 10 股送转股
	现金股利	CD	每 10 股现金股利
	股权激励	EI	设"公告股权激励计划"为 1,"未公告股权激励计划"为 0
外生变量	股权集中度	SH10	前 10 大股东持股数量/总股数
	行业	TEC	是否为信息技术行业,是设定为 1,否设定为 0
	股权性质	PRIVATE	实际控制人是否为民营性质,是设定为 1,否设定为 0
	送转能力	CAPACITY	{资本公积 + Max [0,Max (0,盈余公积 − 0.25 × 总股本) + 未分配利润]} / 总股本
	管理层平均年龄	AGE	管理层年龄的平均数
	管理层平均薪酬	SALARY	管理层现金薪酬的平均数的自然对数
	是否派现	PX	当年派现为 1,不派现为 0
	公司规模	SIZE	资产总额的自然对数
	盈利能力	EPS	净利润/总股本
	资产负债率	LEV	负债总额/资产总额
	现金流量	ONCF	经营活动现金净流量/总股本
	成长机会	GROWTH	本年资产总额/上年资产总额
	上市时间	TIME	累计上市天数/365

送转股包括股票股利和公积金转增。实践中,上市公司通常以每 10 股送转××股的形式来表示送转水平,因此送转股数常常是整数,但偶尔也会出现小数的情况,本书将其作四舍五入处理,用整数表示。通过对本书观察样本和对照样本的统计,发现送转股水平在 0～16,为了便于分析,本书用 0、1、……、15、16 这 17 个整数表示公司送转股的水平。我国上市公司绝大多数在年末进行分配,极少数公司在年中会有分配。在计算每年的送转股水平时,若年中有送转,则将其与年末送

转股数合并，计算一年的送转股总水平。

现金股利支付水平通常有股利支付率（现金股利额/当年盈余）、股利收益率（现金股利额/每股市价）和每股现金股利三种表现形式。本书研究的目的是分析股权激励对股利政策的影响，因此选择了每股现金股利作为研究对象。原因是在派现后，股票期权行权价的调整是根据每股现金股利进行的，调整公式为：

$$P = P_0 - V$$

式中，P_0 为调整前的行权价；P 为调整后的行权价；V 为每股的派现额。

例如，伟星股份（002003）于2008年6月5日公告股利分配计划为每10股派发现金红利1元（每股0.1元）、转增3股。行权价在股利分配前为5.62元，派现后调整为5.52元（5.62−0.1），送转股后则进一步调整为4.25元（5.52/(1+0.3)）。由此可见，行权价是基于每股派现额调整的，为充分体现现金股利对股权激励行权价的调整作用，本研究采用每股现金股利而非股利支付率和股利收益率来衡量现金股利支付水平。

3.3.2 样本选择

本书的观察样本为2006年1月1日至2011年6月30日期间公告股权激励计划的公司中选择股票期权为激励方式的214家（次）公司，同时为观察样本组中的每家公司一一选取了对照样本公司，组成对照样本组（以下称为"非股权激励公司"）。按照研究惯例，行业和规模是选取对照样本时需要控制的关键因素。因此，本书在选择对照样本时遵循的原则为：第一，与观察样本公司属于同一行业（CSRC 两位数行业代码相同）；第二，与观察样本公司规模相近（与观察样本公司股权激励计划公告日前一年年报中的总资产相近）；第三，在实证分析区间内没有公告股权激励方案。

另外，本书将所有数据划分为实施前 n 年、实施当年、实施后 n 年（$n=1, 2, 3$）等七个不同的区间，实施当年为 t 年，依次的七个区间

为 $t-3$ 年、$t-2$ 年、$t-1$ 年、t 年、$t+1$ 年、$t+2$ 年、$t+3$ 年。

说明：数据来源于国泰安数据库、巨潮资讯网；使用的统计软件为 Microsoft Excel 2007、SPSS13.0、EVIEWS5.0。

3.4 实证结果及其分析

3.4.1 股权激励与非股权激励公司股利支付水平的配对样本 T 检验

本书对股权激励公司与非股权激励公司的股利支付水平在划分的七个区间内分别进行配对样本 T 检验，以观察两类公司股利支付水平的差异及其随时间的变化情况。

1. 送转股水平的配对样本 T 检验

表 3.2 为股权激励公司与非股权激励公司送转股水平的配对样本 T 检验结果，图 3.1 为两类公司各年的送转股水平均值。可以看出，$t-3$ 年和 $t-2$ 年，股权激励公司和非股权激励公司的送转股水平没有显著的差异，而从 $t-1$ 年，也就是实施计划的前一年开始，股权激励公司的送转股水平显著高于非股权激励公司，这种差异一直持续到实施计划后第三年（$t+3$ 年）。纵向来看，七年内股权激励公司的送转股水平总体呈上升态势，而非股权激励公司的送转股水平有较大幅度的下降。

表 3.2 股权激励公司与非股权激励公司送转股水平的配对样本 T 检验

年份	观察样本组（股权激励组）送转股数	对照样本组（非股权激励组）送转股数	均差	标准差	均值的标准误	T 值	显著性（双侧）
$t-3$	0.697	0.951	-0.254	0.320	0.022	-1.156	0.249
$t-2$	1.449	1.153	0.296	0.376	0.026	1.148	0.252
$t-1$	1.551	0.850	0.701	0.338	0.023	3.029	0.003***

续表

年份	观察样本组（股权激励组）送转股数	对照样本组（非股权激励组）送转股数	均差	标准差	均值的标准误	T值	显著性（双侧）
t	2.742	1.215	1.528	0.463	0.036	4.299	0.000***
$t+1$	2.203	0.905	1.298	0.333	0.035	3.702	0.000***
$t+2$	2.886	0.943	1.943	0.444	0.053	3.664	0.000***
$t+3$	1.810	0.500	1.310	0.364	0.056	2.332	0.025**
总体	1.711	0.993	0.718	0.380	0.012	6.003	0.000***

注：*** 表示在1%的水平上显著，** 表示在5%的水平上显著。

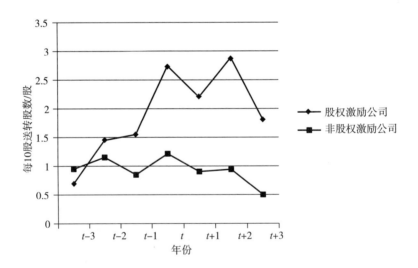

图3.1　股权激励公司与非股权激励公司各年的送转股水平均值

2. 现金股利支付水平的配对样本 T 检验

股权激励公司与非股权激励公司现金股利支付水平的配对样本 T 检验如表3.3所示，两类公司各年的现金股利水平均值如图3.2所示。结果显示，$t-3$ 年股权激励公司和非股权激励公司的现金股利水平没有显著的差异,而从 $t-2$ 年,也就是实施计划的两年前开始,股权激励公司的现金股利水平显著高于非股权激励公司,这种差异一直持续到实施计划后第三年($t+3$ 年)。纵向来看,七年内股权激励公司的现金股利水平在波动中有大幅的上升,而非股权激励公司的现金股利水平变化不大。

表3.3 股权激励公司与非股权激励公司现金股利支付水平的配对样本 T 检验

年份	观察样本组(股权激励组)派现数	对照样本组(非股权激励组)派现数	均差	标准差	均值的标准误	T 值	显著性(双侧)
$t-3$	0.366	0.490	-0.124	0.965	0.007	-1.876	0.062
$t-2$	0.601	0.371	0.230	1.193	0.008	2.815	0.005**
$t-1$	0.883	0.652	0.232	1.434	0.01	2.359	0.019**
t	1.350	0.723	0.627	1.772	0.014	4.611	0.000***
$t+1$	1.266	0.759	0.506	1.804	0.019	2.661	0.009***
$t+2$	1.062	0.646	0.416	1.822	0.022	1.910	0.060*
$t+3$	1.343	0.583	0.760	2.667	0.041	1.845	0.072*
总体	0.859	0.577	0.282	0.152	0.005	5.880	0.000***

注:*** 表示在1%的水平上显著,** 表示在5%的水平上显著,* 表示在10%的水平上显著。

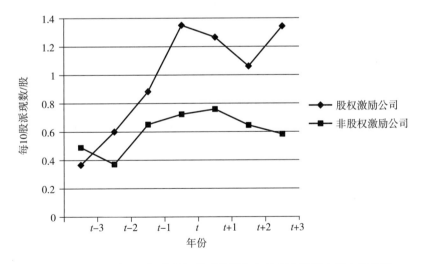

图3.2 股权激励公司与非股权激励公司各年的现金股利支付水平均值

综合来看，两类公司的送转股水平和现金股利水平均从 $t-1$ 年开始发生显著差异，这表明上市公司管理层在公告股权激励计划的前一年便开始了机会主义行为，为获取非努力性股权激励收益提前做好了准备。因此，本书又选取两类公司对其 $t-1$ 年到 $t+3$ 年的股利分配数据进行了描述性统计分析（篇幅有限，不再赘述），结果表明股权激励公司不仅股利分配水平高于非股权激励公司，而且分配的频率更高。

3.4.2 股权激励对送转股水平影响的回归分析

以上配对样本 T 检验的结果表明，上市公司管理层从公告股权激励计划的前一年便开始提高了股利分配水平，为了进一步探讨管理层机会主义行为的动因，本书采用联立方程模型进行检验。为避免多重共线性问题，我们首先对自变量进行了多重共线性检验（篇幅有限，相关系数表略），结果表明所有变量的 Pearson 相关系数均在 0.5 以下，这表明各外生变量之间不存在多重共线性，可以进入回归模型。另外，本书也采用伍德里奇的 Hausman 检验方法检验了内生性，结果表明股权激励变量存在内生性，可以建立联立方程。回归结果见表 3.4 和表 3.5。

表 3.4 联立方程 (3.1) 回归结果

参数	SD		EI	
常数	0.016	(0.733)	-1.352	(0.000)
EI	0.267	(0.001***)		
ONCF	-0.021	(0.016**)		
PX	0.084	(0.001***)		
TIME	0.001	(0.690)	-0.030	(0.000***)
CAPACITY	-0.027	(0.000**)		
PRIVATE	0.033	(0.220)	0.234	(0.000***)
EPS	0.010	(0.745)	0.160	(0.000***)
GROWTH	0.029	(0.043**)	-0.060	(0.004**)
LEV			-0.045	(0.143)

续表

参数	SD		EI	
SIZE			0.048	(0.001***)
TEC			0.071	(0.099*)
SALARY			0.136	(0.000***)
AGE			-0.016	(0.000***)
拟合优度	0.119		0.245	
调整后的拟合优度	0.112		0.239	
F统计量	17.776		38.031	
F统计量的P值	0.000		0.000	

注：*** 表示在1%的水平上显著，** 表示在5%的水平上显著，* 表示在10%的水平上显著。

表3.5 联立方程（3.2）回归结果

参数	CD		EI	
常数	-0.041	(0.619)	-1.352	(0.000)
EI	0.038	(0.058*)		
SH10	0.103	(0.000***)		
ONCF	0.010	(0.006***)		
EPS	0.103	(0.000***)	0.160	(0.000***)
GROWTH	-0.035	(0.000***)	-0.060	(0.004***)
LEV	-0.020	(0.024**)	-0.045	(0.143)
SIZE	0.002	(0.655)	0.048	(0.001***)
TEC			0.071	(0.099*)
SALARY			0.136	(0.000***)
AGE			-0.016	(0.000***)
PRIVATE			0.234	(0.000***)

续表

参数	CD		EI	
TIME			−0.030	(0.000***)
拟合优度	0.188		0.245	
调整后的拟合优度	0.183		0.239	
F 统计量	34.982		38.031	
F 统计量的 P 值	0.000		0.000	

注：*** 表示在1%的水平上显著，** 表示在5%的水平上显著，* 表示在10%的水平上显著。

表3.4是联立方程（3.1）的回归结果，即以送转股和股权激励为内生变量的联立方程模型。模型中的两个方程均通过了方程显著性检验。

从股权激励对送转股水平的影响看，股权激励的符号为正，且在1%的水平上显著，这说明上市公司公告股权激励计划对送转股水平有正向影响，假设3.2（a）得到了验证，即上市公司的管理层在考虑是否送转股时，公司是否实施或将要实施股权激励计划是影响他们决策的主要因素之一。对于已经公告了股权激励计划的上市公司管理层，通过提高送转股水平大幅降低了行权价，间接使手中的股票期权增值，从而获得了无须经过努力便可得到的股权激励收益。

关于控制变量，通过显著性检验的有现金流量、是否派现、送转能力和成长机会。现金流量的回归系数为负，且在5%的水平上显著，即上市公司的现金流量越充足，就越不倾向于送转股；是否派现与送转股水平呈显著正相关关系，说明管理层并未因为派发了现金股利而降低送转股水平；送转能力与送转股水平呈显著负相关关系，表明公司在送转能力并不强的条件下仍然采取送转股行为；表征成长机会的指标总资产增长率与送转股水平呈正相关关系，且在5%的水平上显著，说明上市公司的成长机会越多，管理层就越倾向于将盈余保留在公司内部，不以现金的形式而是选择送转股的形式给予股东回报。

表3.5为联立方程（3.2）的回归结果，即以现金股利和股权激励为内生变量的联立方程模型。模型中的两个方程均通过了方程显著性检验。

关于股权激励对现金股利支付水平的影响，股权激励的回归系数为正，且在10%的水平上显著，这表明上市公司公告股权激励计划对现金股利支付水平有正向的影响，本书的假设3.1得到了验证，即公告股权激励计划这一因素对上市公司发放现金股利有促进的作用，表明股权激励公司的管理层通过提高现金股利支付水平的方式降低行权价，实现眼前利益。

关于现金股利方程中控制变量对现金股利水平的影响，各变量系数的方向均与主流文献的结果一致，表明现金股利虽然受到股权激励因素的影响，但总体来看还是符合公司特征的。

联立方程模型检验结果不仅支持了本书的假设3.1和假设3.2（a），从联立方程（3.1）和（3.2）回归结果比较来看，也支持了假设3.2（b）。联立方程（3.1）中股权激励对送转股的回归系数及其显著性都高于联立方程（3.2）中股权激励对现金股利的回归系数及其显著性。另外，方程（3.1）的回归结果说明管理层在采用提高现金股利支付水平来获得非努力性股权激励收益的同时也考虑到了其他影响现金股利支付的因素；但方程（3.2）的回归结果表明管理层在提高送转股水平时并不考虑公司是否具备送转股能力，也并未因为提高了派现水平而降低送转股水平。

3.4.3 稳健性检验

为了考查模型的稳健性，本书采用扩大样本量的方式对模型进行了进一步检验。具体方法为：选取所有上市公司2008年、2009年、2010年的数据为样本，依旧将"公告股权激励计划"设定为1，否则为0，分年度建立与前文相同的联立方程组，回归结果见表3.6和表3.7。

表 3.6 联立方程（3.1）稳健性检验结果

年份	2008 年		2009 年		2010 年	
参数	SD	EI	SD	EI	SD	EI
常数	0.215	-0.517	0.095	-0.516	0.103	-0.458
	(0.000)	(0.001)	(0.000)	(0.000)	(0.000)	(0.000)
EI	1.022		0.306		0.515	
	(0.000***)		(0.128)		(0.004***)	
ONCF	-0.015		-0.010		-0.002	
	(0.122)		(0.067*)		(0.815)	
PX	0.087		0.075		0.060	
	(0.000***)		(0.000***)		(0.000***)	
TIME	-0.011	-0.002	-0.006	-0.003	-0.005	-0.003
	(0.000***)	(0.100*)	(0.000***)	(0.007***)	(0.001***)	(0.003***)
CAPACITY	-0.031		-0.014		-0.021	
	(0.000***)		(0.000***)		(0.000***)	
PRIVATE	-0.011	0.005	0.037	0.041	-0.001	0.002
	(0.654)	(0.000***)	(0.007***)	(0.001***)	(0.166)	(0.059*)
EPS	0.031	0.006	0.007	0.002	0.054	-0.002
	(0.138)	(0.628)	(0.356)	(0.839)	(0.001***)	(0.862)
GROWTH	-0.002	-0.001	0.013	-0.026	0.115	0.014
	(0.815)	(0.799)	(0.182)	(0.004***)	(0.000***)	(0.133)
LEV		0.001		0.001		0.001
		(0.804)		(0.885)		(0.767)
SIZE		0.011		0.001		-0.004
		(0.060*)		(0.868)		(0.476)

续表

年份	2008年		2009年		2010年	
参数	SD	EI	SD	EI	SD	EI
TEC		0.096		0.049		0.058
		(0.000***)		(0.033**)		(0.007***)
SALARY		0.044		0.040		0.047
		(0.000***)		(0.000***)		(0.000***)
AGE		-0.006		-0.001		-0.001
		(0.002***)		(0.524)		(0.042**)
拟合优度	0.133	0.160	0.108	0.138	0.172	0.125
调整后的拟合优度	0.129	0.156	0.104	0.132	0.169	0.122
F统计量	29.597	33.432	24.915	30.294	51.491	27.390
F统计量的P值	0.000	0.000	0.000	0.000	0.000	0.000

注：*** 表示在1%的水平上显著，** 表示在5%的水平上显著，* 表示在10%的水平上显著。

表3.7 联立方程（2）稳健性检验结果

年份	2008年		2009年		2010年	
参数	CD	EI	CD	EI	CD	EI
常数	-0.351	-0.517	-0.193	-0.516	-0.083	-0.458
	(0.000)	(0.001)	(0.004)	(0.000)	(0.147)	(0.000)
EI	0.211		0.555		0.369	
	(0.001***)		(0.000***)		(0.000***)	
SH10	0.117		0.152		0.037	
	(0.000***)		(0.000***)		(0.083*)	
ONCF	0.028		0.026		0.025	
	(0.000***)		(0.000***)		(0.000***)	

续表

年份	2008年		2009年		2010年	
参数	CD	EI	CD	EI	CD	EI
EPS	0.072	0.006	0.038	0.002	0.078	-0.002
	(0.000***)	(0.628)	(0.000***)	(0.839)	(0.000***)	(0.862)
GROWTH	-0.011	-0.001	-0.025	-0.026	0.043	0.014
	(0.002***)	(0.799)	(0.000***)	(0.004***)	(0.000***)	(0.133)
LEV	0.001	0.001	0.001	0.001	0.001	0.001
	(0.610)	(0.804)	(0.255)	(0.885)	(0.841)	(0.767)
SIZE	0.015	0.011	0.006	0.001	0.003	-0.004
	(0.000***)	(0.060*)	(0.042**)	(0.868)	(0.207)	(0.476)
TEC		0.096		0.049		0.058
		(0.000***)		(0.033**)		(0.007***)
SALARY		0.044		0.040		0.047
		(0.000***)		(0.000***)		(0.000***)
AGE		-0.006		-0.001		-0.001
		(0.002***)		(0.524)		(0.042**)
PRIVATE		0.055		0.041		0.002
		(0.000***)		(0.001***)		(0.059*)
TIME		-0.002		-0.003		-0.003
		(0.100*)		(0.007***)		(0.003***)
拟合优度	0.214	0.160	0.14	0.138	0.219	0.125
调整后的拟合优度	0.211	0.156	0.136	0.132	0.216	0.122
F统计量	31.681	33.432	38.228	30.294	79.397	27.390
F统计量的P值	0.000	0.000	0.000	0.000	0.000	0.000

注：***表示在1%的水平上显著，**表示在5%的水平上显著，*表示在10%的水平上显著。

稳健性检验结果说明，每年的两组联立方程模型均通过了显著性检验，除了 2009 年 SD 方程中的股权激励变量回归系数不显著外，其他各方程中股权激励变量的回归系数均显著为正，两组模型中其他变量的方向也与前文的结果基本一致，表明本书构建的联立方程模型是稳健的，依据实证结果得出的结论是可靠的。

3.5 本章小结

本书运用配对样本 T 检验和两阶段最小二乘法求解联立方程的方法从内生性视角研究了上市公司股权激励计划的实施对股利政策的影响，结论如下：

（1）从公告股权激励计划的前一年起，股权激励公司的送转股水平和现金股利支付水平开始明显高于非股权激励公司。与非股权激励公司逐年下降的送转股水平相比，股权激励公司的"高送转"显得尤为异常。虽然非股权激励公司的现金股利水平有小幅上升，但股权激励公司保持着更高的派现水平，上升幅度也更为可观。

（2）上市公司股权激励计划的实施对股利支付水平有正向影响，包括送转股水平和现金股利水平。基于送转股和现金股利支付都具有降低行权价这一特点，上市公司的管理层在成为真正意义上的股东之前，采取了高股利支付政策，这是为了尽可能降低行权价，为将来获得非努力性股权激励收益做准备。

（3）尽管送转股和现金股利都成了上市公司管理层获取非努力性股权激励收益的工具，但从股利政策影响因素的回归结果来看，上市公司的现金股利政策较为适合自身的特征，但在送转能力不足、高现金股利支付情况下依然采取"异常高送转"行为表明：送转股是管理层眼中更为理想的获得股权激励收益的掘金工具。

股权激励程度能够更直接地反映出上市公司管理层谋利的动机，管理层持有的股票期权的比例越大，就越有动机利用股利政策获得非努力性股权激励收益。另外，管理权力理论认为，公司管理层有可能凌驾于董事会之上或与董事会合谋，利用管理权力制订有利于自身的薪酬计划，包括股权激励计划，管理权力越大，管理层就越有能力制订有利于自身的薪酬计划。管理层持有股票期权使其具有采取自利的机会主义行为的动机，手中的管理权力则赋予其具有采取自利的机会主义行为的能力。目前，本书仅采用是否公告股权激励计划作为解释变量，并未考查股权激励的程度和管理权力大小对股利政策的影响，以及管理层采取的有利于自身的股利政策对股东利益损害的程度，这些都是本书的局限性以及需要进一步研究的问题。

第4章 个人所得税视角的股权激励实施中的机会主义行为

4.1 问题的提出

自20世纪80年代以来,以股票期权为主的股权激励制度逐渐发展起来,在美国盛行一时,并推动了美国以高技术产业为标志的新经济的发展。经理人股票期权激励设计的初衷是使经理人的利益与股东的利益趋于一致(Jensen and Meckling,1976),理论上符合"最优契约理论"。但大量证据表明,在股权激励计划实施过程中,经理人表现出各种各样的机会主义行为。股权激励制度的建立和健康发展与其相应完善的税收制度是分不开的。美国股权激励的税收制度相对比较完善,对于股权激励作用的发挥起到了一定的积极作用(卢燕,2009)。

中国股权激励的实践始于20世纪90年代,然而由于内外部环境的先天不足和相应制度的缺位,其始终处于徘徊状态,直到2005年12月31日证监会颁布并实施了《管理办法》,这是中国第一部关于股权激励的具体规范。自《管理办法》实施到2015年6月30日为止,上市公司公告了近700个股权激励方案。随着股权激励计划的推行,国家陆续出台了一些与股权激励相关的个人所得税政策。2005年3月,财政部、国家税务总局发布了《关于个人股票期权所得征收个人所得税问题的通知》(财税〔2005〕35号),明确了激励对象来源于股票期权所得的性质、应纳税款的计算等；2006 年 9 月，国家税务总局又发布了《关于个人股票期权所得缴纳个人所得税有关问题的补充通知》（国税函〔2006〕902 号），对于股票期权的转让净收入等概念给出了进一步明确的解释。财政部、国家税务总局于 2009 年 1 月出台了《关于股票增值权所得和限制性股票所得征收个人所得税有关问题的通知》（财税〔2009〕5 号），同年 8 月国家税务总局又发布了《关于股权激励有关个人所得税问题的通知》（国税函〔2009〕461 号），以上两个文件对实施股票增值权和限制性股票如何依法缴纳个人所得税做了明确的规定。

  按中国目前的规定，股票期权在行权日无论是否出售，均按"工资、薪金所得"计算缴纳个人所得税，应纳税所得额等于行权日股票的市场价格与行权价的差额。限制性股票在解禁日无论是否出售，应纳税所得额均等于股票登记日（被激励对象限制性股票在中国证券登记结算公司进行股票登记的日期）与解禁日股票市场价格均价与获得解禁部分股票所支付的购买价格（实际上就是限制性股票的行权价）的差额，按"工资、薪金所得"计算缴纳个人所得税。无论是股票期权还是限制性股票，被激励对象获得的标的股票出售时所获得的资本利得都暂时免税。因此，在纳税义务发生（行权或解禁时[①]）时，激励对象并未获得真实的经济收益，缴纳个人所得税后，如果在持有股票期间一旦发生价格下跌，那么激励对象不仅要承担股票价格下跌所造成的损失，而且要承担多缴纳个人所得税的损失。另外，"工资、薪金所得"的税率是个人所得税累进税率中最高的类别，股权激励对象大多是公司高级管理人员，他们属于高收入阶层，其工资的边际税率较高，因此，行权会给高管带来较重的税负。这种因股权激励纳税带来的未来激励收益不确定性和资金成本压力可能会引发高管的机会主义行为，进而影响股权激励作用的发挥。

[①] 财政部、国家税务总局《关于上市公司高管人员股票期权所得缴纳个人所得税有关问题的通知》（财税〔2009〕40 号文）：一次收入较多，纳税有困难的，经审核，可自行权日起在不超过 6 个月的期限内分期纳税。

4.2 事件日选择的机会主义行为的理论分析与研究假设

"最优契约理论"认为,作为所有者的股东选举产生的董事会可以设计出符合股东利益最大化的股权激励契约,以减少高管因道德风险和逆向选择所可能产生的代理成本,实现管理者与股东利益趋同。但是,作为股权激励对象的高管是经济人,有实施机会主义行为的主观内在动力;而信息不对称的环境、股权激励契约本身的缺陷、相关政策的不完备等构成了高管实施机会主义行为的客观因素。

中国上市公司目前股权激励的主要形式是股票期权和限制性股票。股票期权实施涉及的时间节点包括授予日、行权日和出售日。授予日后往往有 1~2 年的等待期,等待期满并且业绩达标后,激励对象就可以按照行权价格购买股票。限制性股票实施涉及的时间节点包括授予日、登记日、解禁日和出售日。授予日后,激励对象就可以按照授予价格买入股票,一般来说,从授予到解禁有 1~2 年的禁售期,禁售期满并且业绩达标,激励对象就可以出售股票。但是按照《中华人民共和国公司法》《中华人民共和国证券法》等相关法律法规的规定,作为高管,股票期权行权后、限制性股票解禁后 6 个月之内不能出售股票。对于股票期权来说,激励的收益包括两部分:一部分是行权日标的股票市价与行权价的差额,另一部分是标的股票出售时的市价与行权日股价的差额。根据现有股权激励个人所得税制度的规定,行权日标的股票市价超过行权价的部分,按照工资薪金计税;而出售时的市价与行权日股价的差额部分属于资本利得,暂时免税。在行权价一定的情况下,如果能够压低行权日标的股票的价格,则可以降低甚至免除行权所导致的应纳税所得额。对于限制性股票来说,股权激励的收益也包括两部分,分别为按照授予价格买入股票时(股票登记日)的市价与授予价格的差额和解禁后标的股票出售时的市价与授予价格之间的差额。制度规定,股票登记日的市价与解禁日市价的均价超过授予价格的部分以工资薪金计税，解禁日之后的价格上涨部分属于资本利得，暂时免税。在授予价格一定的情况下，如果能够压低股票登记日和解禁日标的股票的市价，则可以降低解禁所导致的应纳税所得额。因此，高管有动机影响股票期权行权日、限制性股票登记日及解禁日（下文有时分别简称为"行权日""登记日""解禁日"，并统称其为"事件日"）股价，并从中获得节税收益。

高管为使自身利益最大化，可以采取"选择事件日"，即选择在市价较低时行权、登记及解禁，或采取盈余管理、选择性信息披露等方式使"事件日"的股价下降。因此，行权日、登记日、解禁日及其之前的股价可能表现为负的市场反应；而行权日、登记日及解禁日之后的股价可能表现为正的市场反应。Heron、Lie（2007）和 Cicero（2009）的研究中也证明了这一点。张水泉和何秋仙（2009）以截至2008年9月月底共102家中国上市公司的股权激励方案公告和15个股票期权行权（或限制性股票授予）事件为对象，研究发现，在股票期权行权日或限制性股票的授予日及以前存在显著的负的异常收益，而之后存在显著的正的异常收益。由此本书提出以下假设：

假设4.1（a）：股票期权行权日及之前，观察样本的股票有异常负收益；之后，观察样本的股票有异常正收益。

假设4.1（b）：限制性股票登记日及之前，观察样本的股票有异常负收益；之后，观察样本的股票有异常正收益。

假设4.1（c）：限制性股票解禁日及之前，观察样本的股票有异常负收益；之后，观察样本的股票有异常正收益。

卢燕（2009）比较了美国和中国现行的股票期权收入个人所得税政策，指出中国股票期权的个人所得税政策存在不能适应当前各种股权激励计划发展的要求、纳税时点不合理、缺乏税收优惠和股票期权收入所得税流失等问题，这些问题会导致管理者的短期抛售、操纵股价等行为，从而损害公司股东的利益。张水泉和何秋仙（2009）认为，股票期权行权前和限制性股票授予前，其标的股票出现异常正收益和之后的异常负收益现象，可以通过税收效应进行解释。娄贺统等（2010）认为，股权激励所得按工资薪金所得纳税，其超额累进税制导致的高边际税率会削弱高管实施股权激励制度的积极性，影响股权激励效用的发挥；在行权日纳税还会导致股权激励收益与税基不匹配。Dhaliwa 等（2009）发现管理层基于节税动机会选择在股价较低日行权，而且较低日行权是通过回溯的方法实现的，因此可称其为回溯行权日（Backdated Exercises），即在行权公告中指定之前的某一日为行权日，而这一天的股价相对较低。他们的证据显示，回溯行权日的可能性与股票期权回溯授权日正相关；在《萨班斯法案》颁布前，超过21.5%的行权并持有的激励对象选择在该月股价最低的那天行权，而《萨班斯法案》颁布后，这一比例降低到13.5%。因此，高管获取的节税收益越多，操纵事件日的机会主义行为就越有可能发生。由此本书提出以下假设：

假设4.2（a）：对于股票期权来说，高管在股价最低日行权的可能性与其获得的节税收益正相关。

假设4.2（b）：对于限制性股票来说，高管在股价最低日登记的可能性与其获得的节税收益正相关。

假设4.2（c）：对于限制性股票来说，高管在股价最低日解禁的可能性与其获得的节税收益正相关。

深交所中小板公司管理部2010年5月颁布了《中小企业板信息披露业务备忘录第9号：股权激励限制性股票的取得与授予》和《中小企业板信息披露业务备忘录第12号：股权激励股票期权实施、授予与行权》。深交所创业板公司管理部2011年8月颁布了《创业板信息披露业务备忘录第8号——股权激励（股票期权）实施、授予、行权与调整》和《创业板信息披露业务备忘录第9号：股权激励（限制性股票）实施、授予与调整》。上述4个规范下文简称为"信息披露规范"（有时也简称"法规"），其规范了中小板和创业板上市公司股票期权和限制性股票的取得、授予、行权等事项，这些规范对股权激励个人所得税的缴纳产生了一定的影响。因此，在研究高管出于减轻税负目的在股票期权行权日、限制性股票登记日及解禁日前后是否存在机会主义行为时，有必要研究以上规范对中小板和创业板上市公司高管机会主义行为的影响，以期为进一步完善股权激励所得税制度提供依据。具体来说，"信息披露规范"规定：中小板和创业板上市公司董事会应当在完成股票期权行权登记、限制性股票授予登记手续后的两个交易日内披露相关行权和授予完成公告，这也就意味着高管事后回溯的可能性被降低，虽然不能排除其事先择机和操纵信息披露，但由于后者较前者更难操作，所以我们预计未受到"信息披露规范"影响的企业相较于受到"信息披露规范"影响的企业，其事件日前后的异常收益更为显著。

Bebchuk 等（2002）将管理者权力与管理者薪酬相联系，认为管理者权力越大，就越能够左右自己的薪酬。Bebchuk 和 Fried（2003，2005）提出了"管理权力理论"，其基本内涵是：管理者一般会利用手中的权力通过各种可能的方式实现自身利益最大化，使得管理者薪酬契约不仅没有成为有效的激励约束机制，反而成了管理者为己谋利的工具。Dorff（2005）实证并检验了"最优契约理论"和"管理权力理论"，结论是建立在董事会之上的管理权力导致高管的过度薪酬，完善公司治理的核心应该通过例如真正的竞争选举董事的机制来最小化管理权力。Collins 等（2009）研究发现，股权激励中存在回溯授权日现象的公司 CEO 拥有更大的管理权力，其薪酬委员会独立性也更差。Brown 和 Lee（2010）通过对 1 719 家公司 1998—2006 年的数据分析，发现在控制了影响股权激励授予的经济因素后，公司治理结构越差的企业越倾向于授予 CEO 股票期权和限制性股票，而这种股权激励与公司治理之间的负相关关系并不能证明是一种替代关系，因此证明了管理权力理论。Sun 等（2009）发现，随着薪酬委员会质量的提高，CEO 股票期权授予和现金报酬均与公司未来业绩正相关。Otten 等（2008）研究发现，管理层通过权力自定薪酬在世界范围内存在普遍性。Bebchuk 等（2010）研究了股票期权授予的择机行为与公司治理之间的关系，发现对于高管（包括独立董事）的幸运期权授予（在授予当月股价最低时的授予）是公司精心选择的结果，目的是使授予对象的收益最大化，而且这种择机行为与 CEO 从其他来源获得的薪酬较高、独立董事不占绝大多数、薪酬委员会中没有外部大股东、CEO 任职时间长等因素有关，从而证明了管理权力理论。Essen 等（2015）运用 Meta-analysis 方法，对基于美国公司数据的 219 篇关注管理权力、CEO 薪酬水平、CEO 报酬业绩敏感性关系的研究进行论文分析后，发现在薪酬制订过程中，若 CEO 有更大的权力，则他们会得到较高的现金薪酬水平及总薪酬水平；若董事会有更大的权力，则 CEO 的现金薪酬水平及总薪酬水平较低。

卢锐和魏明海（2008）研究发现，管理层权力大的企业管理层薪酬与企业业绩的敏感度具有更为明显的非对称性，即薪酬与盈利业绩的敏感度更高，与亏损业绩的敏感度更低。吕长江和赵宇恒（2008）研究发现，权力强大（董事长与总经理二职合一、执行董事比例高、任职年限长）的管理者可以自己设计激励组合，在获取权力收益的同时实现高货币性补偿，并不需要盈余管理去迎合董事会的激励要求；权力较弱的管理者则更关注货币性补偿，只能通过盈余管理虚构利润，以达到薪酬考核的目的。熊海斌和谢茂拾（2009）认为，现行经理股票期权制度实际上已经成为一种企业高管攫取规则性不当利益的重要工具。赵青华和黄登仕（2011）发现，股权激励有助于公司业绩的提高，但是管理权力会影响股权激励对公司业绩提高的积极作用。孙健和卢闯（2012）研究发现，高管权力能够保证高管人员的自利性行为。王烨等（2012）发现，管理层权力越大，股权激励计划中设定的初始行权价就相对越低。龚永洪和何凡（2013）发现，高管层权力增大会显著提高股权薪酬水平并加大股权薪酬差距，高管层权力和股权薪酬差距在提升股权激励绩效水平的同时也显著加大了企业绩效波动性。支晓强等（2014）研究发现，样本公司在股权激励方案设计时存在模仿行为，同时高管权力和行业竞争是影响该模仿行为的重要因素。杨青等（2014）发现，CEO 薪酬存在显著的幸运支付现象，支持"揩油论"，即管理权力理论。王新等（2015）发现，经理人权力越大，就越倾向于选择高额的货币化报酬，以替代在职消费。同时货币薪酬对在职消费的替代性越强，经理人就越有可能滥用在职消费，降低企业业绩。

综上,在内部人控制的情况下,董事会不能完全控制管理层薪酬契约的制订,管理层有动机、有机会、有能力利用手中的权力一定程度上自定薪酬,采取有利于管理层的决策。管理权力越大,高管寻租的能力就越强。正是由于管理权力的存在,才使得管理层能够操纵事件日以获取节税收益。因此,本书提出以下假设:

假设4.3:管理权力越大,管理层实施机会主义行为进行事件日操纵的可能性就越大。

4.3 研究设计

4.3.1 事件日与事件窗口的选择

根据研究需要,本书以董事会公告的股票期权行权日、限制性股票登记日及解禁日当天为事件日,如果当天没有交易,则以其之后的第一个交易日为事件日。假设4.1的检验以事件日前20天、事件日后10天、事件日当天共31天构成事件窗口。这样选择主要是考虑到行权日、登记日和解禁日的确定涉及高管的实际利益,因此可能在此之前进行相关操纵行为,所以事件日前的时间窗口比较长,为20天,事件日后为10天。本书采用市场调整模型来计量异常收益,该模型中的个股期望收益率可以利用事件窗口内的市场或行业收益率来估计,因此不需要设计估计窗。

4.3.2 变量定义与计量

1. 被解释变量

经理人为了减少因股票期权行权或限制性股票解禁要缴纳的个人所得税,有可能选择股价较低的时间行权、登记或解禁。因此,本书的被解释变量是管理层是否存在对事件日进行操纵的机会主义行为。参考Dhaliwal等(2009)的做法,本书将事件日操纵的机会主义行为定义为:

高管在股价相对较低的时间进行了股票期权的行权、限制性股票的登记和解禁。事件日具有股价相对较低这一特征的即为被操纵了的事件日，否则为正常事件日。用虚拟变量 Suspect Event（0，1）表征该变量，即若存在事件日的机会主义行为则 Suspect Event 取 1，否则取 0。股价相对较低的衡量标准是，事件日在该月股价最低日前五天与后五天内。之所以这样定义，是因为高管有可能不直接操纵事件日当天的股价，而对其之前或之后某天的股价进行操纵，从而在很大程度上影响事件日的股价。

2. 解释变量

高管对事件日进行操纵的机会主义行为动机是与股权激励相关的节税收益。因此，本书的解释变量是高管从股票期权行权或限制性股票登记与解禁中获得的节税收益。节税收益定义为事件日被操纵后的应纳税所得额与正常事件日的应纳税所得额之间的差额。由于本书是从管理权力视角研究高管的机会主义行为的，因此另一个解释变量是管理权力。

按照财税〔2005〕35 号文的规定，股票期权应纳税所得额 =（行权登记日股票的每股市场价 – 员工取得该股票期权支付的每股行权价）× 股票数量；按照国税函〔2009〕461 号文的规定，限制性股票的应纳税所得额 =（股票登记日的股票市价 + 本批次解禁股票当日市价）÷2 × 本批次解禁股票份数 – 被激励对象实际支付的资金总额 ×（本批次解禁股票份数 ÷ 被激励对象获取的限制性股票总份数）。应纳税所得额 =（应纳税所得额/规定月份数 × 适用税率 – 速算扣除数）× 规定月份数。由此可见，决定节税收益大小的关键指标是行权日、登记日和解禁日的股价。

本书参考 Dhaliwal 等（2009）的做法，假设正常事件日意味着股票期权行权日、限制性股票登记日及解禁日分别在一个月中每一天发生的概率是均等的。因此，本书用股票期权行权日所在月份的标的股票平均收盘价代表正常行权日的股价 P_1，限制性股票登记日所在月份的标的股票平均收盘价代表正常登记日的股价 P_3，限制性股票解禁日所在月份的平均收盘价代表正常解禁日的股价 P_5；用股票期权行权日当天的股票收盘价表示行权日被操纵的股价 P_2，限制性股票登记日当天的股票收盘价表示登记日被操纵的股价 P_4，限制性股票解禁日当天的股票收盘价表示解禁日被操纵的股价 P_6，若存在机会主义行为，则这些事件日的股价一般较低。由于股票期权行权与限制性股票解禁的所得税计算方法有所不同，因此下面分别阐述。

（1）股票期权行权的节税收益。股票期权在正常行权日行权与行权日被操纵下行权的应纳税所得额分别为：

$$S_1 = N(P_1 - P_0) \tag{4.1}$$

$$S_2 = N(P_2 - P_0) \tag{4.2}$$

式中，S_1 为正常行权日下行权的应纳税所得额；P_1 为正常行权日的股价；S_2 为行权日被操纵下行权的应纳税所得额；P_2 为行权日被操纵下的股价；P_0 为行权价；N 为行权数量。

股票期权在正常行权日行权与行权日被操纵下行权的应纳税所得额分别为：

$$\text{TAX}_1 = \left(\frac{S_1}{n} \times t_1 - a_1\right) \times n = S_1 t_1 - a_1 n \tag{4.3}$$

$$\text{TAX}_2 = \left(\frac{S_2}{n} \times t_2 - a_2\right) \times n = S_2 t_2 - a_2 n \tag{4.4}$$

式中，TAX_1 为正常行权日下行权的应纳税所得额；TAX_2 为行权日被操纵下行权的应纳税所得额；S_1、S_2 的定义同上；t_1、t_2 分别为适用的个人所得税税率；a_1、a_2 分别为适用的速算扣除数①；n 为规定月份数②。

行权日被操纵所获得的节税收益为：

---

① 按照计算的时间不同，分别采用了 2009 年《中华人民共和国个人所得税法》规定的九级累进税制分级和 2011 年《中华人民共和国个人所得税法》规定的七级累进税制的适用税率和速算扣除数。

② 根据相关规定，公式（4.3）和公式（4.4）的规定月份数是指员工取得来源于中国境内的股票期权形式工资薪金所得的境内工作期间月份数，长于 12 个月的，按 12 个月计算。而一般的股票期权计划从授权日到可行权日之间的间隔，根据《管理办法》的规定是不得少于 1 年的，即从授权日开始计算，这个规定的月份数至少是 12 个月。因此，公式中月份数的取值是 12。

$$\text{Tax Savings} = \text{TAX}_1 - \text{TAX}_2 = (S_1 t_1 - a_1 n) - (S_2 t_2 - a_2 n)$$
$$= (S_1 t_1 - S_2 t_2) - n(a_1 - a_2) \qquad (4.5)$$

（2）限制性股票解禁的节税收益。根据限制性股票个人所得税计算的规定，限制性股票解禁的节税收益与股票登记日和解禁日有关。因此下面分别讨论这两个日期被操纵所能够获取的节税收益。

首先，假设高管只对登记日进行操纵而未对解禁日进行操纵。限制性股票在正常登记日登记与登记日被操纵下登记的应纳税所得额分别为：

$$S_1 = (P_3 + P_5) \div 2 \times N_1 - M \times \frac{N_1}{N_2} = \left(\frac{P_3 + P_5}{2} - \frac{M}{N_2} \right) \times N_1 \qquad (4.6)$$

$$S_2 = (P_4 + P_5) \div 2 \times N_1 - M \times \frac{N_1}{N_2} = \left(\frac{P_4 + P_5}{2} - \frac{M}{N_2} \right) \times N_1 \qquad (4.7)$$

式中，S_1 为正常登记日下登记的应纳税所得额；P_3 为正常登记日的股价；S_2 为登记日被操纵下登记的应纳税所得额；P_4 为登记日被操纵下的股价；P_5 为正常解禁日的股价；M 为激励对象按照授予价格购买限制性股票实际支付的总金额；N_1 为解禁股票的数量；N_2 为激励对象购买的限制性股票总数量。

限制性股票在正常登记日登记与登记日被操纵下登记的应纳税所得额计算同式（4.3）与式（4.4），节税收益计算同式（4.5）。

其次，假设高管只对解禁日进行操纵而未对登记日进行操纵。此时，限制性股票在正常解禁日解禁与解禁日被操纵下解禁的应纳税所得额分别为：

$$S_1 = (P_4 + P_5) \div 2 \times N_1 - M \times \frac{N_1}{N_2} = \left(\frac{P_4 + P_5}{2} - \frac{M}{N_2} \right) \times N_1 \qquad (4.8)$$

$$S_2 = (P_4 + P_6) \div 2 \times N_1 - M \times \frac{N_1}{N_2} = \left(\frac{P_4 + P_6}{2} - \frac{M}{N_2} \right) \times N_1 \qquad (4.9)$$

式中，S_1 为正常解禁日解禁的应纳税所得额；P_5 为正常解禁日的股价；S_2 为解禁日被操纵下解禁的应纳税所得额；P_6 为解禁日被操纵下解禁日的股价；P_4 为解禁日的股价；其他变量含义同上。

限制性股票在正常解禁日解禁与解禁日被操纵下解禁的应纳税所得

额计算同式（4.3）与式（4.4），节税收益计算同式（4.5）。

关于管理权力，美国的学者多数采用 CEO 持股比例（Warren，1992；Lambert et al, 1993）、CEO 和董事长两职是否合一（Otten et al, 2008；Brown and Lee, 2010；Caarberry, 2009；Faulkender and Yang, 2010）、CEO 的任期（Caarberry, 2009；Faulkender and Yang, 2010）、董事会中非执行董事的比例（Lambert et al, 1993；Otten et al, 2008）、董事同时在多家公司任职（Faulkender and Yang, 2010；Brown and Lee, 2010）、CEO 任命的外部董事数量（Lambert et al, 1993；Brown and Lee, 2010）、董事会规模（Caarberry, 2009；Brown and Lee, 2010）和董事会中员工代表（Otten et al, 2008）等变量进行表征。Otten 等（2008）采用包括在任 CEO 任职期内任命董事的比例、服务董事会 10 年以上董事的比例、同时任职其他公司的 CEO 担任董事的比例、薪酬委员会中董事持有企业的总股份数、拥有 3 个或 3 个以上席位董事的比例和薪酬委员会的规模等表征薪酬委员会的质量。Essen 等（2015）通过对基于美国公司数据的 219 篇论文的统计分析，归纳出表征管理权力的指标主要有总经理与董事长是否两职合一、CEO 任期、董事会规模、董事会独立性、股权集中度、机构持股比例等。

国内学者近几年也开展了管理权力方面的研究。管理权力的表征可以分为两类：一类是直接选择一些指标表征管理权力，另一类是在选择的标征管理权力的一系列指标基础上计算一个管理权力的综合指标。采用第一类的研究主要包括：吕长江和赵宇恒（2008）采用了领导权结构、执行董事比例和任职年限来衡量管理权力；Lin 和 Lu（2009）用 CEO 同时兼任董事长、CEO 在公司上市前已在任并且上市 4 年后仍然在位、第一大股东的持股比例大于其余十大股东的持股比例来表征管理权力；孙健和卢闯（2012）选用股权集中度和董事长与总经理两职合一度量高管权力；王烨（2012）选择总经理在职时间、董事长与总经理是否兼任、内部董事比例、管理层持股比例来表征管理权力；支晓强等（2014）将董事长与总经理两职是否合一作为高管权力的表征变量。采用第二类的研究主要包括：卢锐和魏明海（2008）、赵青华和黄登仕

(2011)选择股权分散、两职合一、高管长期在位分别定义三个单一维度的管理层权力,然后将这三个变量合成构建反映管理层权力的综合变量;权小锋和吴世农(2010)、龚永洪和何凡(2013)、王新等(2015)采纳了 Finkelstein 的认为经理人权力来源为结构权力、专家权力、声望权力、所有权权力四个维度的观点,每个维度都选择一些指标,再对选择的指标(主要包括总经理是否是公司内部董事、是否兼任董事长、任职时间是否超过行业中位数、是否具有高级职称、是否持有本公司股票、是否具有高学历、是否在本企业之外兼职、总经理股权激励实施前是否持有本公司股票和机构投资者是否持有本公司股票)运用主成分分析合成一个度量经理人权力的综合指标。

股权激励中高管的机会主义行为必然受到其监督者的影响,其监督者包括董事会、监事会以及股东。而这种机会主义行为在受制于监督者的同时,也受到高管自身特征的影响。所以本书基于国内外学者的研究以及数据的可取得性,从董事会特征、监事会特征、股权结构以及高管自身特征四个方面,选取董事会规模、未领取薪酬的董事比例、监事会规模、未领取薪酬的监事比例、董事会人员结构、股权集中度、高管持股比例、两职合一和高管任职期限作为管理权力的表征变量。通常认为,董事会规模相对较大时,可以容纳更多领域的专家,有利于提高决策质量,加强对管理层的监督,管理层就难以对董事会形成控制。董事会规模对事件日操纵则可能产生负向影响。当董事在上市公司领取薪酬时,董事会更倾向于发表对董事自身薪酬有利或不影响其薪酬的意见,因而很难发表独立意见。因此,未领取薪酬的董事比例越低,出现机会主义行为的可能性就越大。随着监事会规模的增大,会有更多的具有内部控制或财务经验的专家进入监事会,可以形成对董事会和管理层更有力的监督。因此,监事会的规模可能对事件日操纵有负向的影响。同未领取薪酬的董事比例一样,未领取薪酬的监事比例可能对事件日操纵产生负向的影响。董事会人员结构指的是董事会成员中未受到股权激励的人员比例,由于股票期权和限制性股票行权、授予相关事宜由董事会决议通过,故其数值越大,其余受到激励成员采取机会主义行为的可能性就越小。由于存在监督成本，对分散的小股东来说，监督所带来的实惠远远不能补偿他们为监督付出的代价，所以分散的小股东不愿意去监督管理层，只有大股东才会有足够的动力对管理层实施监督。因此，股权集中度可能对事件日操纵产生负向的影响。高管持股比例越大，其控制权就越大，管理者壕沟防御效应就会越加明显，即经理人会有更多的权力来抵制股东的监督，所以其可能对事件日操纵有正向的作用。两职合一（Duality，DUAL）会使总经理等高层执行人员的权力过度膨胀，而且会严重削弱董事会监督高层管理人员的有效性。两职合一对事件日操纵可能产生正向影响。DUAL 为虚拟变量，若董事长和总经理同时由一个人兼任，则 DUAL 取 1，否则 DUAL 取 0。高管任职时间越长，对董事会的影响越大，即将削弱董事会对管理层的监督有效性。因此，高管任职期限可能对事件日操纵产生负向影响。

4.3.3 模型的建立

由于本书研究高管是否存在事件日操纵的机会主义行为，因此以因变量采用二分类法，建立如下逻辑回归模型：

$$\text{Logic}P = \ln\frac{P(\text{Suspect Event})}{1-P(\text{Suspect Event})}$$
$$= \alpha + \beta_1\text{Tax Savings} + \beta_2\text{NDB} + \beta_3\text{NRBD} + \beta_4\text{NDS} + \beta_5\text{NRSD} +$$
$$\beta_6\text{BHS} + \beta_7\text{OwnConl} + \beta_8\text{DUAL} + \beta_9\text{EHD} + \beta_{10}\text{TIME} + \varepsilon$$

(4.10)

模型中各变量的说明如表 4.1 所示。

表 4.1 变量说明

变量类别	变量名称	符号	变量的计算方法
被解释变量	事件日操纵	Suspect Event	1 表示存在事件日操纵机会主义行为；0 表示不存在事件日操纵机会主义行为
解释变量	节税收益	Tax Savings	计量方法见公式（4.1）至（4.5）
	董事会规模	NDB	包含董秘在内的所有董事成员人数

续表

变量类别	变量名称	符号	变量的计算方法
解释变量	未领取薪酬的董事比例	NRBD	未在上市公司领取薪酬的董事人数/董事会规模
	监事会规模	NDS	所有监事会成员人数
	未领取薪酬的监事比例	NRSD	未在上市公司领取薪酬的监事人数/监事会人数
	董事会人员结构	BHS	未受到股权激励的董事人数/董事会规模
	股权集中度	OwnConl	第一大股东持股比例
	两职合一	DUAL	董事长兼任总经理，DUAL=1；否则DUAL=0
	高管持股比例	EHD	高管所持股数/流通股数
	高管平均任职期限	TIME	企业中所有高管在职时间（月数）的平均数

4.3.4 数据来源与样本选择

1. 数据来源

上市公司股权激励相关数据来自 Wind 数据库和巨潮资讯网。因变量（是否存在事件日操纵行为）和自变量（节税收益）系作者手工搜集公司的股权激励公告、年报、股价等数据计算获得；其他数据取自国泰安数据库。所有的数据处理均通过 SPSS16.0 和 Excel 2013 进行。

2. 样本选择

本书以 2005 年 12 月 31 日《管理办法》颁布至 2015 年 6 月 30 日期间实施股权激励计划并行权（或解禁）的非金融类上市公司为研究对象。据统计，该期间共有 920 家（次）非金融类公司公布股权激励计划，492 家（次）公司向激励对象授予股票期权，其中有 124 家（次）公司的激励对象已经行权；428 家（次）公司向激励对象授予限制性股票，其中有 186 家（次）公司的激励对象已经解禁。

在行权的 124 家（次）公司中，35 家公司在此期间进行过 2 次及以上行权，共计有 95 次行权。在授予限制性股票的 255 家（次）公司中，30 家公司进行过多期授予登记，共计有 65 次登记；54 家公司进行过多期解禁，共计有 137 次解禁。

在股票期权行权日操纵的研究中，将获得授予股票期权并行权的高管作为研究对象，将每一位高管的每一次行权作为一个观察值，即"高管—行权"。据统计，124 次行权中一共有 651 位高管对期权行权，其中博瑞传播高管的第二期行权、新湖中宝高管的第一期行权和桑德环境高管的第一期行权被剔除[①]。因此最终获得 648 个"高管—行权"作为观察值。在限制性股票登记日、解禁日操纵的研究中，将获授限制性股票并解禁的高管作为研究对象，将每一位高管的每一次解禁作为一个观察值，即"高管—解禁"。限制性股票 255 次登记、186 次解禁中一共有 1 123 个"高管—登记"和"高管—解禁"观察值。

为了控制外部环境和行业因素的影响，本书为观察样本组中的每个公司都选取了一个对照样本公司，组成对照样本组。依照研究惯例，行业和规模是选取对照样本时需要控制的关键因素。因此，本书选择了与观察样本公司属于同一行业（CSRC 两位数行业代码相同[②]）、规模相近（与观察样本公司股权激励计划行权或解禁前最近一期的季度报告中的总资产相近）且没有实施股权激励计划的公司作为对照样本公司。

4.4 实证结果及其分析

根据本书研究设计的思路，实证部分首先对"信息披露规范"出台前后、股权激励事件日前后股价的异常收益进行分析，由此判断在"信息披露规范"出台前后，股票期权行权、限制性股票登记与解禁过

---

① 这三次行权的行权价均大于行权日市价，不符合行权纳税条件。
② 由于本书涉及的数据是截至 2012 年 6 月份的，因此行业分类仍使用 2001 年中国证监会公布的《上市公司行业分类指引》。

程中是否有可能存在事件日操纵的机会主义行为，进而具体分析这种机会主义行为，研究事件日操纵与高管获得节税收益的关系，由此判断高管事件日操纵的机会主义行为的动机是否是获得节税收益。

4.4.1 异常收益率分析

股票异常收益的计量模型包括统计模型和经济模型。20世纪80年代中期以后，股票异常收益的计量广泛使用的是统计模型。统计模型主要包括均值调整模型、市场调整模型和市场模型。其中，均值调整模型对特定股票的历史信息赋予了较大的权重，该方法适合股票的变动与市场总体变动关联性不大的情况。Morck等（2000）研究发现，在新兴资本市场中，80%以上的股票跟随大盘同涨同跌。中国资本市场是一个新兴的市场，个股波动受市场影响较大，不适用均值调整模型。陈汉文和陈向民（2003）的研究证实，市场模型在一些价格反应力度较小或不易确定的研究中必须慎重使用。

综上，本书采用市场调整模型来计量股票异常收益，并分别选择上证综指、深圳成指和创业板指作为市场风险的代理变量。

图4.1和图4.2分别描述了"信息披露规范"实施前后，股票期权行权日观察样本和对照样本的累计平均异常收益率（Cumulative Average Abnormal Return，CAAR）变化趋势；图4.3和图4.4分别描述了"信息披露规范"实施前后，限制性股票登记日观察样本和对照样本的CAAR值变化趋势。

由图4.1可以看出，"信息披露规范"实施之前，观察样本相对于对照样本，在行权前有明显的异常负收益，从行权前第6天到行权当天观察样本的累计平均异常收益率（CAAR）持续下降，此后有明显的异常正收益，累计平均异常收益率（CAAR）开始持续上升，基本形成一个深V字形走势，这与假设4.1（a）基本一致；图4.2所示与预计一致，即"信息披露规范"实施之后，观察样本没有明显的异常负收益，累计平均异常收益率（CAAR）变化平缓，其可能是由于"信息披露规范"的颁布规范了回溯的行为，高管不再能事后选择低价行权，所以采

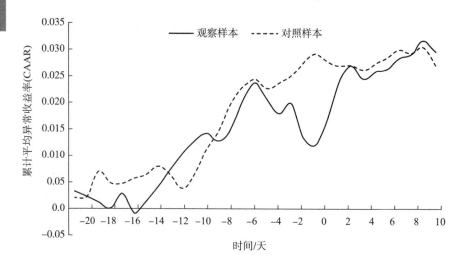

图 4.1 "信息披露规范"实施前股票期权行权日观察样本和对照样本的 CAAR

(本图数据来源于样本数据的计算)

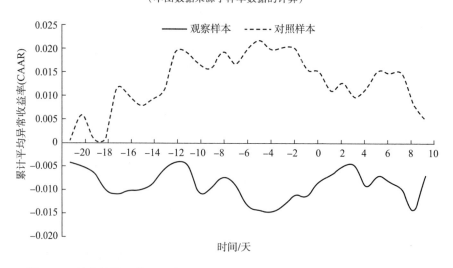

图 4.2 "信息披露规范"实施后股票期权行权日观察样本和对照样本的 CAAR

(本图数据来源于样本数据的计算)

取事先时机选择或操纵信息披露,从而给公司股票带来较长时间的负收益。

由图 4.3 可以看出,"信息披露规范"实施之前,限制性股票登记日的观察样本相较于对照样本,有明显的异常负收益;登记日之后累计

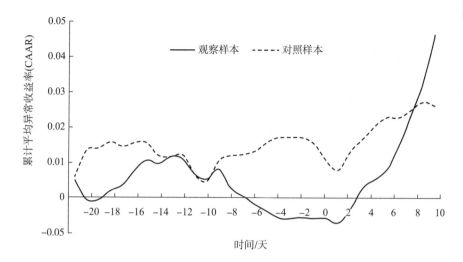

图 4.3 "信息披露规范"实施前限制性股票登记日观察样本和对照样本的 CAAR

(本图数据来源于样本数据的计算)

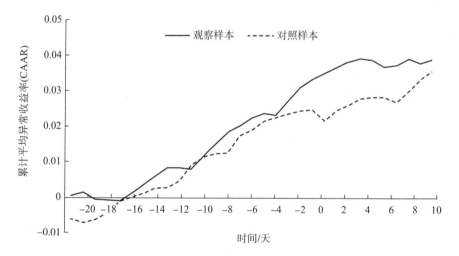

图 4.4 "信息披露规范"实施后限制性股票登记日观察样本和对照样本的 CAAR

(本图数据来源于样本数据的计算)

平均异常收益率（CAAR）持续上升，有明显的异常正收益，这与假设4.1（b）一致。同时与预计一致，图4.4反映了"信息披露规范"之后的事件日前后没有再出现异常收益，观察样本与对照样本趋同。

由图 4.5 可以看出，在限制性股票解禁日前后，观察样本与对照样本的累计平均异常收益率（CAAR）基本趋同，在解禁日之前 2 天时间，观察样本有负收益，解禁日之后有略为明显的正收益，这与假设 4.1（c）不完全相符。造成这种现象的主要原因可能是：由于限制性股票每一期登记都会对应多期解禁，多期解禁之间，其解禁日的间隔多为固定的一年（由股权激励方案事先确定），因此无法进行解禁日的人为选择，若想降低解禁日股价，则只能采取盈余管理、选择性信息披露等难度较大的方式。

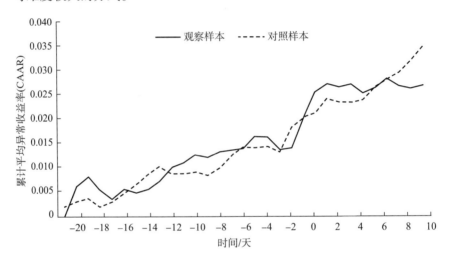

图 4.5　限制性股票解禁日前后观察样本和对照样本的 CAAR

（本图数据来源于样本数据的计算）

通过对 CAAR 值变化趋势的描述性统计分析，我们初步判断"信息披露规范"实施前的观察样本公司股票在股票期权行权日前后可能存在异常收益，在"信息披露规范"实施后限制性股票登记日可能存在异常收益，而解禁日前后不存在异常收益。根据图 4.5 和描述性统计分析结果，我们就可以拒绝假设 4.1（c），因此也不必验证假设 4.1（c）。因此，下面只需对假设 4.1（a）和假设 4.1（b）的显著性进行验证。表 4.2 和表 4.3 分别是股票期权行权日、限制性股票登记日前后累计平均异常收益率（CAAR）的配对样本 T 检验和独立样本 T 检验结果。

表 4.2 "信息披露规范"实施前后股票期权行权 CAAR 值的配对样本 T 检验

项目 时间窗口	股票期权（"信息披露规范"前） 配对样本 T 检验		股票期权（"信息披露规范"后） 配对样本 T 检验		独立样本 T 检验	
	T 值	P 值	T 值	P 值	T 值	P 值
-20	0.727	0.470	-0.599	0.552	1.659	0.100*
-15	1.249	0.216	-0.112	0.911	0.878	0.381
-10	-0.075	0.940	-0.783	0.437	1.503	0.135
-5	-1.713*	0.091	0.264	0.793	2.644***	0.009
-4	-1.479	0.144	0.453	0.652	2.447**	0.016
-3	-1.181	0.242	0.695	0.490	2.083**	0.039
-2	-1.827*	0.072	0.471	0.640	1.973*	0.051
-1	-0.461	0.647	-0.045	0.964	1.452	0.149
1	1.327	0.189	0.829	0.411	1.407	0.162
2	2.517**	0.014	0.914	0.365	1.713*	0.089
3	2.536**	0.013	1.202	0.235	1.770*	0.079
4	1.920*	0.059	1.058	0.295	1.582	0.116
5	1.978*	0.052	0.285	0.777	1.866*	0.064
10	1.909*	0.060	0.445	0.659	1.684*	0.095

注：*表示在10%的水平下双尾检验显著，**表示在5%的水平下双尾检验显著，***表示在1%的水平下双尾检验显著。

股票期权的配对样本 T 检验结果表明，在"信息披露规范"实施前，股票期权行权前 -5 天起观察样本的 CAAR 值连续减少，其中第 -5 天和第 -2 天显著为负，而行权后显著为正。这说明行权日前观察样本的标的股票存在显著异常负收益，行权日后存在显著异常正收益，即假设4.1（a）得到验证。而"信息披露规范"实施后配对样本 T 检验则并不显著，与预测的一致，"信息披露规范"实施后高管的机会主义行为得到了一定的约束。我们将"信息披露规范"实施前后样本进行检验，发现"信息披露规范"实施后的累计平均异常收益率 CAAR 显著低于"信息披露规范"实施前的累计平均异常收益率 CAAR，这说明"信息披露规范"实施后，高管选择了其他方式采取机会主义行为，可能是根据市场在一段时间的走势刻意选择了一个大盘整体走势低迷的时间行权，或事先操纵信息披露等。

表4.3 "信息披露规范"实施前后限制性股票登记日 CAAR 值的配对样本 T 检验

项目	限制性股票（主板和"信息披露规范"实施前中小创业）		限制性股票（"信息披露规范"实施后中小创业）		独立样本 T 检验	
时间窗口	配对样本 T 检验		配对样本 T 检验			
	T 值	P 值	T 值	P 值	T 值	P 值
-20	-0.171	0.865	3.757***	0.000	1.298	0.195
-15	0.211	0.834	4.113***	0.000	-0.192	0.848
-10	-0.118	0.906	3.852***	0.000	-0.396	0.692
-5	-0.267	0.791	2.387**	0.018	-1.184	0.238
-4	-0.336	0.738	2.215**	0.028	-1.220	0.223
-3	-0.025	0.981	2.683***	0.008	-1.291	0.198
-2	0.079	0.937	2.076**	0.039	-1.516	0.131
-1	-0.144	0.886	1.267	0.207	-1.624	0.106
1	0.181	0.857	1.054	0.293	-1.784*	0.076
2	-0.246	0.806	1.559	0.121	-1.893*	0.059
3	0.891	0.376	1.670*	0.097	-1.671*	0.096
4	1.190	0.239	1.770*	0.078	-1.585	0.114
5	0.498	0.620	1.501	0.135	-1.728*	0.085
10	1.955*	0.055	1.101	0.272	-1.114	0.266

限制性股票的配对样本 T 检验结果表明，限制性股票观察样本的配对样本 T 检验虽然不显著，但仍有明显的事先异常负收益、事后异常正收益的走势，故接受假设 4.1（b）。但与预计一致的是，"信息披露规范"实施之前的样本虽不显著，但其呈先降后升的趋势，"信息披露规范"实施之后则没有这种趋势，样本的 CAAR 值 T 检验在登记日之前是显著为正的，收益率一直上升，且与对照样本趋同（见图 4.4）。在独立样本 T 检验中，"信息披露规范"实施前样本的 CAAR 值显著低于实施后，可见"信息披露规范"的颁布发挥了监督的作用，减少了高管的机会主义行为。

4.4.2 事件日选择的分析

以上分析中，"信息披露规范"对股票期权行权日前后，以及限制性股票登记日前后的机会主义行为都有一定的影响，但这种机会主义行为的具体形式和"信息披露规范"的影响还需继续探讨。Dan（2009）认为，股票期权行权日的机会主义行为是期权的事后倒签行为，但也不排除存在事前时机选择、事先信息披露等行为。我们将涉嫌回溯的事件（Suspect Events）与登记日到公告日的时间做回归分析，结果如表 4.4 所示。

表 4.4 登记日到公告日时间与涉嫌回溯的事件的回归

股票期权（行权日）				限制性股票（登记日）			
"信息披露规范"实施前		"信息披露规范"实施后		"信息披露规范"实施前		"信息披露规范"实施后	
T	sig	T	sig	T	sig	T	sig
-4.415***	0.000	1.560	0.120	3.671***	0.000	1.384	0.167

表 4.4 的回归分析说明，无论是"信息披露规范"实施前还是"信息披露规范"实施后，股票期权行权的登记日到公告日的时间与其涉嫌回溯的事件均没有正相关的关系，这就说明高管在对股票期权行权时，并非通过事后回溯采取机会主义行为，而是通过事先的时机选择或

信息披露。而限制性股票在"信息披露规范"实施前,其登记日到公告日的时间与其涉嫌回溯的事件有显著正相关的关系,"信息披露规范"实施后则不存在这种显著的相关性,所以限制性股票登记日,在"信息披露规范"实施之前很可能是通过事后回溯来采取机会主义行为的。

同时,为进一步说明,我们将从登记日到公告日的时间做统计,结果如表4.5所示。

表4.5 登记日到公告日的时间统计

项目	股票期权				限制性股票			
登记日到公告日天数	"信息披露规范"实施前		"信息披露规范"实施后		"信息披露规范"实施前		"信息披露规范"实施后	
	样本数	百分比	样本数	百分比	样本数	百分比	样本数	百分比
−5～0	4	5.64%	3	5.88%	2	3.13%	11	5.76%
1～2	57	80.29%	42	82.35%	50	78.13%	178	93.19%
3～5	8	12.68%	5	9.80%	11	17.19%	2	1.05%
大于5	2	2.82%	1	1.96%	1	1.56%	0	0.00

股票期权登记日到公告日的时间在"信息披露规范"实施前后并没有很大的变化,大约80%的登记日到公告日的时间都集中在1～2天,而限制性股票的登记日到公告日的时间在"信息披露规范"实施后有比较大的变化,"信息披露规范"实施前的登记日到公告日仅有78%集中在1～2天,"信息披露规范"实施后则有93.19%集中在1～2天。这也再次说明了高管针对股票期权的机会主义行为并非通过事后回溯,而是通过事先时机选择或信息披露,而针对限制性股票,在"信息披露规范"实施之前的确存在事后回溯的行为。

4.4.3 事件日选择与节税收益关系的分析

事件日前后的异常收益分析说明,高管选择了在股价相对低的时间行权，这种行权日选择的目的是否源于针对期权行权的节税收益还需要进一步讨论。高管行权日选择的节税收益就是行权日被机会主义行为操纵情况下的应纳税额与正常行权日下的应纳税额的差额。通过式（4.1）至式（4.5）计算出高管行权日选择的节税收益，并将节税收益与高管机会主义行为涉嫌回溯的事件回归，结果如表4.6所示。

表4.6 行权日选择与节税收益分析　　　　　单位：元

项目	股票期权（行权日）				限制性股票（登记日）				限制性股票（解禁日）	
	"信息披露规范"实施前		"信息披露规范"实施后		"信息披露规范"实施前		"信息披露规范"实施后		—	
指标	T	sig	T	sig	T	sig	T	sig	T	sig
涉嫌回溯的事件	8.501***	0.000	2.641***	0.009	7.327***	0.000	4.329***	0.000	—	
行权数量	478 533.68		222 158.10		204 248.14		144 445.48		178 367.38	
节税收益	49 355.10		65 224.05		20 381.40		22.98		7 052.66	

资料来源：样本数据的计算结果。

表4.6说明了在机会主义行为操纵行权日的情况下，高管可以实现的节税收益。高管通过机会主义行为，在行权日获得的节税收益平均为4.933 551 0万元，在登记日获得的节税收益平均为2.038 140万元，这大大减轻了高管的缴税压力，降低了行权和授予时的成本。回归结果表明，高管在股价最低日行权、登记的可能性与其获得的节税收益均呈显著正相关关系，即假设4.2（a）、4.2（b）均成立。由此可见，在巨大的节税利益驱使下，高管完全有动机选择一个股价较低的时间行权和登记。与之前对行权日和登记日机会主义行为的分析一致，"信息披露规范"颁布之前的股票期权行权存在着机会主义行为，而颁布后高管可实现的节税收益的增加来自其他机会主义行为的渠道，如时机选择或操纵信息披露。"信息披露规范"颁布之前的限制性股票也存在着机会主义行为，而颁布之后有效地遏制了这种机会主义行为，使得高管可实现的节税收益为22.98元。

下面通过逻辑回归进一步分析股票期权行权日选择与高管所获得的节税收益以及管理权力的相关性。在交乘项的回归中,由于变量间存在多重共线性,同时为了便于展示结果,在分别回归后将结果统一在表4.7中展示。将所有股票期权行权和限制性股票登记样本按"信息披露规范"实施前后和板块两个标准分类汇总,其中主板与"信息披露规范"实施前中小创业板块共有1 124个样本,"信息披露规范"实施后中小创业板块有687个样本,控制行业和年份后逻辑回归结果如表4.7所示。

表4.7 逻辑回归结果

变量	"信息披露规范"实施前		"信息披露规范"实施后		限制性股票（解禁）	
	(1)	(2)	(3)	(4)	(5)	(6)
常数	0.731	—	7.753	—	36.211	—
节税收益/万元	0.139***	0.097***	0.277***	0.256***	0.178***	0.199***
董事会规模	−0.773***		−0.157		0.122**	
未领取薪酬的董事比例	−4.591*		−8.485***		−1.032	
监事会规模	1.970***		−0.369*		−0.340***	
未领取薪酬的监事比例	7.700***		1.968**		0.770	
董事会人员结构	−2.868**		−2.764**		4.198***	
股权集中度	−5.572***		−2.247		3.033***	
高管持股比例	7.858***		0.161		−0.448	
两职合一	−4.059***		0.938***		−0.123	
高管平均任职期限	−0.029***		0.008		0.027***	
节税收益×董事会规模		1.351***		0.157**		0.053***
节税收益×未领取薪酬的董事比例		0.153***		0.019		0.042***
节税收益×监事会规模		1.738***		0.716***		1.130***

续表

变量	"信息披露规范"实施前		"信息披露规范"实施后		限制性股票（解禁）	
	(1)	(2)	(3)	(4)	(5)	(6)
节税收益×未领取薪酬的监事比例		0.963***		0.291***		0.081***
节税收益×董事会人员结构		-0.036*		0.081		0.632***
节税收益×股权集中度		0.076		-0.099		-0.470***
节税收益×高管持股比例		0.038*		0.098*		0.626***
节税收益×两职合一		0.021**		0.205***		0.552***
节税收益×高管平均任职期限		0.083***		0.148***		0.116***
-2对数似然值	511.780	—	505.105	—	982.351	—
伪决定系数	0.602	—	0.442	—	0.373	—
伪决定系数：Nagelkerke拟合优度	0.805	—	0.603	—	0.504	—
卡方	1 033.613***	—	399.299***	—	520.072***	—
节税收益/元	329 82.97		199 26.46		717 8.67	
公司损失/元	153 38.75		654 1.59		2 812.28	

注：*表示在10%的水平下双尾检验显著，**表示在5%的水平下双尾检验显著，***表示在1%的水平下双尾检验显著。

可以看到，节税收益在3个模型中均在1%水平上显著，且其相关性与假设4.2（a）和假设4.2（b）一致。"信息披露规范"实施之前的企业，其管理权力表征变量中，一半以上表征变量显著且符合预测。"信息披露规范"实施之后的企业，其管理权力表征变量中，有接近一半数量的变量符合预测且显著，其余未显著的变量符号方向与预测相同。这说明在股票期权行权和限制性股票登记过程中，无论是"信息披露规范"实施前还是"信息披露规范"实施后，高管的管理权力对其机会主义行为都有显著影响，即高管管理权力越大，其实施机会主义行为的可能性就越大。而限制性股票解禁时，由于解禁时间基本固定，高管利用管理权力实施机会主义行为较难，所以可以看到管理权力对解禁日机会主义行为影响较小。再分别将各管理权力表征变量分别与节税收益交乘后（管理权力变量按中位数变换成哑变量），能看到在节税收益越高时，管理权力变量中关于高管自身特征的变量更为显著。这表明在节税收益越大、高管的机会主义行为动机越强烈时，高管自身特征带来的权力将能抵制来自董事会、监事会以及股东的监督。同时，"信息披露规范"实施前，在样本企业高管从机会主义行为中获得的节税收益中，46.5%来自公司的损失，即税前列支项目的损失；"信息披露规范"实施后则有32.8%来自公司的损失，在高管机会主义行为的过程中，有一部分财富从公司和股东手中转移到了高管手里，这种机会主义行为实质上在损害股东的利益。

4.4.4 稳健性检验

由于管理权力理论是针对股东与董事会之间的委托代理关系提出的，因此股权结构会影响该类委托代理关系。股权集中的表征变量除第一大股东持股比例外，还有前五大股东持股比例之和、H_1指数（第一大股东持股比例的平方）和Z指数（第一大股东/第二大股东持股比例）等，所以将原模型中股权集中度的表征变量用"前五大股东持股比例之和"代替。上述回归过程中高管平均任职期限变量并没有如预想中对事件日的选择产生正向影响，考虑到可能带来的误差，故采用"高管个人任职期限"替代，进行稳健性检验，结果见表4.8。

表 4.8 稳健性检验分析结果

变量	"信息披露规范"实施前		"信息披露规范"实施后		限制性股票（解禁）	
	（1）	（2）	（3）	（4）	（5）	（6）
常数	-1.562	—	12.672	—	40.572	—
节税收益/万元	0.137***	0.097***	0.286***	0.256***	0.194***	0.199***
董事会规模	-0.833***		-0.076		0.086	
未领取薪酬的董事比例	-2.703		-7.328***		-1.609*	
监事会规模	1.845***		-0.626***		-0.405***	
未领取薪酬的监事比例	6.516***		0.740		0.663	
董事会人员结构	-1.925		-3.859***		3.366***	
股权集中度	-5.632***		-7.117***		0.193	
高管持股比例	8.268***		0.188		-1.881***	
两职合一	-3.753***		0.553*		-0.170	
高管个人任职期限	-0.005*		0.001		0.003	
节税收益×董事会规模		1.345***		0.133		0.053***
节税收益×未领取薪酬的董事比例		0.140***		0.030		0.042***
节税收益×监事会规模		1.738***		0.716***		1.179***
节税收益×未领取薪酬的监事比例		0.963***		0.249***		0.081***
节税收益×董事会人员结构		-0.060***		0.067		0.325***
节税收益×股权集中度		0.088***		-0.033		-0.025
节税收益×高管持股比例		0.034*		0.098*		0.475***

续表

变量	"信息披露规范"实施前		"信息披露规范"实施后		限制性股票（解禁）	
	（1）	（2）	（3）	（4）	（5）	（6）
节税收益×两职合一		0.021**		0.205***		0.552***
节税收益×高管平均任职期限		0.059***		0.145***		0.093***
−2 对数似然值	508.889	—	492.317	—	1 003.264	—
伪决定系数	0.603	—	0.452	—	0.361	—
伪决定系数：Nagelkerke 拟合优度	0.806		0.617		0.488	
卡方	1 036.505***	—	412.087***	—	499.159***	—
节税收益/元	32 982.97		19 926.46		7 178.665 4	
公司损失/元	15 338.75		6 541.59		2 812.283 6	

注：* 表示在10%的水平下双尾检验显著，** 表示在5%的水平下双尾检验显著，*** 表示在1%的水平下双尾检验显著。

由表4.8可知，用"前五大股东持股比例之和"和"高管个人任职期限"替代原有变量再次回归的结果与原结果没有很大的差别。除第（1）列稳健性检验中未领取薪酬的董事比例和董事会人员结构不再显著，第（3）列中监事会规模和两职合一显著性水平有调整，第（5）列中未领取薪酬的董事比例显著而高管个人任职期限不显著，第（6）列中股权集中度不再负向显著外，其余变量没有很大变化，因此也不改变结论，即管理权力越大，高管就越有可能实现机会主义行为，损害股东的利益。总而言之，稳健性检验的结果表明，之前自变量的选取是有效的。

4.5 本章小结

本书以《管理办法》颁布以后实施股权激励的上市公司为对象，研究了股票期权行权、限制性股票解禁时个人所得税缴纳所引发的高管的机会主义行为，得到如下结论：

"信息披露规范"颁布之前，行权和登记样本公司的股票有显著异常负收益，行权后有显著异常正收益，即在事件窗口内，行权样本公司的股票收益率以事件日为最低点呈深 V 字形分布。该现象与高管的机会主义行为有关。结合到同一时间窗口内，对照样本公司股票收益率与观察样本公司有类似的分布，因此本书认为，出于节税考虑，高管倾向于选择股价较低日行权，但不是用倒签的手段，而是采用择机或选择性信息披露等方式来打压行权前的股价；限制性股票则是运用倒签的手段。回归分析表明，高管在股价最低日行权的概率与其获得的节税收益正相关；高管的管理权力是影响高管实施机会主义行为的主要因素，具体表现为两职合一和董事会规模对行权日选择的机会主义行为发生概率有显著正向影响、股权集中度对行权日选择有显著负向影响。

没有发现高管在限制性股票解禁日实施机会主义行为的证据。可能的原因是：相对于股票期权而言，限制性股票的行权成本较低，行权后持股的市场风险也比较小；加之限制性股票解禁日与授予日的间隔多为固定的，导致高管无法进行解禁日的人为选择，因而高管对限制性股票登记日和解禁日进行选择的动机较弱。

美国将股票期权分为激励型和非激励型两类，针对激励型股票期权，激励对象只有在出售股票获得真实收益时才产生纳税义务，而且如果股票持有期限超过一年，则按长期资本利得征税，享受较低税率。以上规定对于降低激励对象的税负、鼓励高管长期持有股票、更好地发挥股票期权的激励效应起到了积极作用。根据本书的研究结论，结合美国股权激励税收政策的经验，我们对于中国股权激励税制的进一步完善提出以下参考性建议。

（1）明确规定上市公司股权激励相关事宜公告的具体日期。从本书的分析中可以看到，"信息披露规范"实施前，无论是股票期权的行权日还是限制性股票的登记日，事件日之前均存在着异常负收益，事件日之后均存在着异常正收益，"信息披露规范"实施后则不存在上述异常收益现象，可见"信息披露规范"的实施有效地遏制了高管事后回溯的行为。但目前仍然没有针对上证和深证主板企业股票期权行权、限制性股票登记与解禁事宜应在何时披露的明确规定，这就为这些企业的高管回溯事件日创造了可乘之机。建议监管机构强化对上证和深证主板上市公司股权激励实施的信息披露要求，详细规定相关事宜的具体披露时间。

（2）合理确定纳税义务发生时点。财税〔2005〕35号文件规定："股票期权所得纳税时点为股票期权行权日。"财税〔2009〕5号文件规定："限制性股票所得纳税时点为限制性股票解禁日。"但是按照《中华人民共和国证券法》《中华人民共和国公司法》及《上市公司董事、监事和高级管理人员所持本公司股份及其变动管理规则》的相关规定"高管股票期权行权或限制性股票解禁6个月后才可以出售①"，即在股票期权行权或限制性股票解禁时并没有取得实际收益，此时纳税将给高管带来巨大的财务负担，而且会使将来的收益产生巨大的不确定性。鉴于所得税的"实现原则"，股权激励的纳税环节可以考虑设置在标的股票出售时较为合适，而且出售时收益已经实现，激励对象有能力支付税款。

（3）引入税收优惠政策，发挥所得税对高管的激励作用。美国将股票期权划分为激励性和非激励性两大类，并且在税法中对激励性股票期权给予优惠，以鼓励企业实施股票期权，同时激励员工长期持股。行权后持有股票时间越长，可以享受的税收优惠就越大。从《管理办法》来看，中国目前的股权激励是激励性的，但是税收制度中还没有体现出

---

① 董事和高级管理人员持有的本公司股票在买入后6个月内卖出，或者在卖出后6个月内又买入，由此所得收益归本公司所有，本公司董事会将收回其所得收益。

相应的优惠政策，一定程度上影响了股权激励的效果。

（4）健全公司法人治理结构，减弱高管的管理权力。健全企业的董事会制度，强化董事会的决策和监督职能；减少总经理兼任董事，尤其是董事长兼任总经理的现象，真正建立董事会和管理层之间的委托代理关系；建立有效的外部董事制度，强化监事会的功能，在企业内部形成权力多元化对管理层权力的有效制衡。

第5章 股权激励实施中针对考核基期的盈余管理

5.1 问题的提出

所有权和经营权分离促使现代公司蓬勃发展，但是也产生了经理人与股东之间的信息不对称和委托代理问题。在解决信息不对称和委托代理问题的众多激励与约束制度中，股权激励是最主要的制度之一。其初衷是通过授予经理人股份，让他们成为公司的股东或潜在股东，从而激励他们为实现股东财富最大化而努力工作。股权激励能否发挥应有的效用，很重要的一方面是设计的激励方案是否具有激励性。业绩考核指标和标准是股权激励方案设计中最主要的要素之一。证监会于2005年12月31日颁布的《管理办法》以及之后颁布的《股权激励有关事项备忘录1号》（简称《备忘录1号》）《股权激励有关事项备忘录2号》（简称《备忘录2号》）和《股权激励有关事项备忘录3号》（简称《备忘录3号》），都对股权激励方案中业绩考核指标及其标准进行了相应的规范[1]。

---

[1] 《管理办法》规定：激励对象为董事和高级管理人员的，上市公司应当以绩效考核指标为实施股权激励计划的条件。《备忘录1号》规定：公司设定的行权指标须考虑公司的业绩情况，原则上实行股权激励后的业绩指标（如：每股收益、加权净资产收益率和净利润增长率等）不低于历史水平。此外，鼓励公司同时采用市值指标和行业比较指标。《备忘录2号》规定：绩效考核指标应包含财务指标和非财务指标。《备忘录3号》规定：上市公司股权激励计划应明确，股票期权等待期或限制性股票锁定期内，各年度归属于上市公司股东的净利润及归属于上市公司股东的扣除非经常性损益的净利润均不得低于授予日前最近三个会计年度的平均水平且不得为负。

股权激励的相应规范说明，我国实行的是基于业绩考核的股权激励，又称为绩效生效股权激励（Performance-vested Stock Options，PVSOs）。该类股权激励意味着，经理人不仅要满足考核时间的要求，而且要达到事先设定的业绩考核标准才能够获得授权或行权。附有业绩考核要求的股权激励方案的设计目的是避免经理人无功受禄，引导他们为了获得股权激励收益而努力工作。但是有证据表明，PVSOs 也有可能降低股权激励的效应，甚至经理人利用 PVSOs 来达到他们自私的目的而置股东财富于不顾（Gaver et al, 1995；Buck et al, 2003；Jensen, 2003）。

我国上市公司实施股权激励的七年多时间里，不论是传统媒体还是大众化的网络平台，对我国上市公司股权激励方案中的业绩考核条件过低、考核标准被操纵的质疑都不绝于耳。例如，2011 年 1 月 12 日，湘鄂情（002306）发布了股权激励草案，行权的业绩考核要求是以 2010 年为考核基年，从 2011 年开始，每年的净利润复合增长率不得低于 20%。但仅仅在该草案发布两周后，湘鄂情就将 2010 年的业绩预告下调了，即从"-10%～20%"的变动幅度下调至"-25%～5%"，而且在 2010 年前三季度已实现 5 811 万元净利润的湘鄂情，却在第四季度实现近 2.5 亿元营业收入的情况下净利润几乎为 0。利润突然蹊跷下滑是否是为股权激励铺路？[①] 继发布 2011 年业绩同比下降的预告后，嘉寓股份（300117）2012 年 2 月 15 日推出了新版股权激励方案。方案中的行权条件为以 2011 年度扣除非经常性损益后的净利润为基数，2012 年至 2015 年净利润增长率较 2011 年分别不低于 25%、50%、75%、100%，公司同期净资产收益率分别不低于 8%、9%、10%、11%。分析人士就此认为，由于公司新版股权激励变更为以 2011 年度为考核基期，因此将 2011 年的业绩向下"修正"，对公司参与激励计划的经理人们最为有利。嘉寓股份难以摆脱人为做低 2011 年业绩的嫌疑[②]。

为了降低行权业绩达标难度，经理人有意做低考核基期业绩水平的现象是否普遍存在？之前的研究只涉及了股权激励方案中业绩考核指标

---

① 引自 2011 年 3 月 6 日《每日经济新闻》。
② 引自 2012 年 2 月 15 日《上海证券报》。

体系设计存在的问题，如行权业绩考核的目标值偏低（吕长江等，2009）、绩效考核指标设计异常宽松（吴育辉等，2010），而没有针对股权激励业绩考核基期可能存在的操纵行为的研究。本书在考查股权激励业绩考核指标和标准设计是否具有激励性的基础上，重点研究经理人是否为了降低行权难度，利用手中的管理权力对考核基期业绩采取盈余管理行为。希望本研究能够为进一步规范股权激励方案的设计并使该制度能够充分发挥激励约束作用提供一定的理论依据和经验证据。

5.2 行权业绩考核指标设置的现状

5.2.1 行权业绩考核指标与标准的分析

《管理办法》《备忘录1号》和《备忘录2号》先后针对行权业绩考核指标做出了规定，除了会计业绩指标，还鼓励公司采用市值指标和行业比较指标对公司业绩进行综合考量。自《管理办法》颁布至2012年6月30日，据不完全统计，上市公司发布了450个股权激励方案，其中股票期权方案有290个，占65%，因此本书选择股票期权方案为研究对象。在行权业绩考核指标的选择上，290个方案中有266个方案（占92%）将净利润增长率单独使用或者与其他指标结合使用，这与美国等西方国家有所不同，它们使用较多的是每股盈余增长率（Conyon et al，2000a、2000b）。鉴于净利润增长率这一指标的使用频率最高，因此在本书的后续研究中，将以净利润增长率作为行权条件业绩考核指标的代表。另外，有287个方案（占99%）仅选择了会计业绩指标，只有3个方案在采用会计业绩指标的同时还采用了公司市值指标。

行权业绩考核标准的设置直接影响了股权激励计划的激励性。业绩考核标准设置得越高，经理人为了达到考核标准所需要付出的努力就越大，方案的激励性也就越强。本书对股票期权方案中设置的考核期内净利润增长率标准与方案所属公司的该期内的净利润增长率预测值①进行了比较，发现两者差异较大。大部分方案设置的行权业绩考核标准即净利润增长率在10%～35%（占80%），而净利润增长率预测值在此区间的公司只有87家（占45%）；方案中设定的净利润增长率标准高于45%的只有11家（占6%），而净利润增长率预测值高于45%的公司有47家（占24%）。为了检验行权业绩考核标准与业绩预测值之间是否存在显著差异，本书对该差异（行权业绩考核标准 − 业绩预测值）进行了单一样本T检验。结果显示，股权激励方案中的行权业绩考核标准与业绩预测值之间的差异均值为 − 0.0707，T值为 − 3.655，伴随概率P值为$0.00 < 0.05$，即行权业绩考核标准明显小于其按历史业绩估计的预测值，显著性水平为5%，说明方案缺乏激励性，这与吕长江等（2009）、吴育辉等（2010）的研究结论一致。

5.2.2　行权考核基期及其业绩水平的分析

在分析行权考核基期业绩水平前，我们首先对股票期权方案中主要考核指标为净利润增长率的266个方案进行了汇总分析，发现有262个方案（占98%）明确了行权业绩考核的基期。其中，199个方案（占76%）选择了固定基期，其余的63个方案（占24%）选择了动态基期。不仅如此，随着时间的变化，更多公司选择了固定基期，详见表5.1。出现这种现象的原因可能是，若经理人想操纵基期业绩，那么固定基期比动态基期更加容易。

基期净利润水平越低，净利润增长率的目标就越容易达到，经理人满足行权条件获取激励收益的可能性就越大。所以在既定业绩标准（净利润增长率）的前提下，经理人很有可能采取盈余管理方式来打压基期会计业绩水平。我们以样本公司行权考核基期作为"0"时点，取"0"时点前后两年年度净利润数据，计算了各年度净利润增长率平均值，其变动趋势如图5.1所示。

---

① 将行权业绩考核期之前若干年度的净利润增长率的移动平均数作为考核期内预测值。

表 5.1　股权激励方案中行权业绩考核基期的选择

基期种类	2006 年		2007 年		2008 年		2009 年		2010 年		2011 年		2012 年	
	数量	%	数量	%	数量	%	数量	%	数量	%	数量	%	数量	%
固定	11	37	7	64	31	69	8	62	45	87	71	89	26	84
动态	19	63	4	36	14	31	5	38	7	13	9	11	5	16
合计	30	100	11	100	45	100	13	100	52	100	80	100	31	100

数据来源：根据上市公司股权激励方案整理。

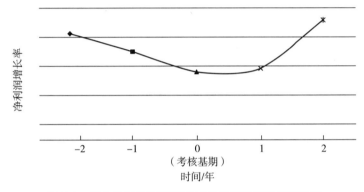

图 5.1　样本公司考核基期前后年度净利润增长率趋势

图 5.1 显示，观察期内样本公司的净利润增长率从基期前第二个年度开始逐年下滑，在基期达到波谷，之后有所反转①。为进一步分析，本书对基期实际净利润增长率与基期预测净利润增长率之间的差异进行了单一样本 T 检验，详见表 5.2②。结果显示，基期实际净利润增长率显著低于基期预测净利润增长率。

表 5.2　基期实际净利润增长率和基期预测净利润增长率差异的单一样本 T 检验

指标	T	自由度	显著性（双侧）	均差	95% 置信区间	
					下限值	上限值
差异	−3.098 0	183	0.002 0	−0.121 1	−0.198 3	−0.043 9

---

① 由于各公司方案公告的时间存在差异，致使并非所有样本公司在时点"1"和时点"2"上都能获取数值，因此，时点"1"至时点"2"的均值为能获取数据的样本公司的净利润增长率均值。

② 预测净利润增长率是利用历史数据的移动平均数估计得到的。

综上所述，发现不仅绝大多数股票期权方案主要是以固定基期的净利润增长率作为行权业绩考核指标且考核标准偏低，而且考核基期业绩水平也明显偏低。接下来，将重点分析经理人是否为了降低行权业绩达标难度而采取某种盈余管理方式对基期业绩进行打压。

5.3　研究设计

5.3.1　考核基期业绩存在盈余管理的理论分析与研究假设

作为股权激励对象的经理人是经济人，有自利倾向，为了使自身激励收益最大化，有实施包括盈余管理在内的操纵行为的主观内在动力；信息不对称环境下的不完全的股权激励契约则构成了经理人实施操纵行为的客观外在因素。因此，股权激励实施中经理人存在机会主义行为是必然的。大部分研究表明，在股权激励计划的制订与实施过程中，为了使激励收益最大化，经理人会通过盈余管理对公司业绩进行操纵，如经理人在授权日[①]前为了获得较低的行权价对利润进行向下的盈余管理（Balsam et al, 2003; Baker et al, 2003; Kadan et al, 2006; 肖淑芳等, 2009），行权前为了抬高行权后出售时的股价而对利润进行向上的盈余管理（Safdar, 2003; Bartov et al, 2004; Cheng et al, 2005; Bergstresser et al, 2006）。

在主观上有动力、客观上有可能的情况下，行权考核基期业绩水平明显偏低很可能是经理人采取盈余管理行为进行打压的结果，目的是降低行权业绩考核达标的难度。至于盈余管理的方式，自从琼斯模型提出后，很多研究都是利用操控性应计利润来表征盈余管理程度的，因此是基于应计项目操控的盈余管理（以下简称"应计项目盈余管理"）。但

---

① 美国企业的股票期权行权价为授权日的股价，因此操纵是针对授权日及其之前的股价进行的；按照《管理办法》的规定，中国上市公司股票期权价格取决于股权激励计划公告日，因此操纵是针对公告日及其之前的股价进行的。

是由于会计准则的日益完善和监管力度的不断加强，利用应计项目来管理盈余的空间越来越小（李彬等，2009）；公司操控应计项目的能力可能受到公司经营和以前年度的应计利润的限制（Barton et al，2002）。因此，近些年有证据表明操控应计利润并不是盈余管理的唯一方式，经营者也可以通过真实经营活动进行盈余管理（Graham et al，2005；Roychowdhury，2006；Cohen et al，2008；李增福等，2011a；张俊瑞等，2008）。特别是在股票期权实施过程中，等待期满后，激励对象一般要在3~5年内分期（年）行权，每期行权都有业绩考核的要求。由于应计利润的操控能力存在此消彼长的现象，本期对利润的操控会影响到下一期的利润，因此经理人有可能更愿意采用真实经营活动进行盈余管理（以下简称"真实活动盈余管理"）。基于以上分析，本书提出假设5.1：

假设5.1（a）：股权激励公司利用可操控性应计利润对考核基期业绩进行向下盈余管理。

假设5.1（b）：股权激励公司利用真实经营活动对考核基期业绩进行向下盈余管理。

很多研究都证实了股权激励强度越大，经理人采取盈余管理行为的动机就越强（Gao，2002；Bergstresser et al，2006；Cheng et al，2005；肖淑芳等，2009）等。同时，也有很多学者发现公司管理权力过大弱化了公司治理。他们认为不仅股东与经理人之间存在代理问题，股东与董事会之间也存在代理问题。过大的管理权力使得经理人凌驾于董事会之上，左右薪酬委员会，使得股权激励成为经理人寻租的工具（Bebchuk et al，2003、2005、2010；Dorff，2005；Morse et al，2006；吕长江等，2008）。因此，除了信息不对称和激励契约不完备性，管理权力的存在使经理人在实施股权激励过程中对考核基期业绩的操纵更具有可实施性。基于以上分析并结合假设5.1，本书提出假设5.2：

假设5.2：股权激励强度越大，经理人通过管理权力对考核基期业绩进行盈余管理的程度越大。

5.3.2 变量定义及模型建立

（1）因变量。本书的因变量是盈余管理，包括应计项目盈余管理和真实活动盈余管理。有关应计项目盈余管理的测度模型主要有希利模型（The Healy Model）、迪安吉洛模型（The DeAngelo Model）、琼斯模型（The Jones Model）、修正的琼斯模型（The Modified Jones Model）、行业模型（The Industry Model）以及 KS 模型。Guay 等（1996）、Bartov 等（2000）和夏立军（2002）等研究验证了用修正的琼斯模型衡量盈余管理程度相对更加有效。因此，本书采用修正的琼斯模型测度应计项目盈余管理的程度。

有关真实活动盈余管理的测度目前较多采用 Roychowdhury（2006）的计算方法，本书也借鉴 Roychowdhury 的方法，从销售操控、费用操控和生产操控三个方面度量真实活动盈余管理。销售操控是指通过缩短销售时间或者提供价格折扣和宽松的信用条件来增加销售额从而增加利润的行为，但会表现为当期具有异常低的经营现金流量（Abnormal CFO）；费用操控是指通过降低酌量性费用（主要包括研发支出、广告费用等与产品生产成本无直接联系、需要在当期支付的费用）来增加利润的行为，表现为当期具有异常低的酌量性费用（Abnormal DISEXP）；生产操控是指通过增加产品数量从而降低单位产品所负担的固定制造费用来增加利润的行为，但会表现为当期具有异常高的生产总成本（Abnormal PROD）。以上三种操纵行为的测量步骤为：首先，通过回归分析估计出经营现金流量、酌量性费用和生产总成本的正常值；然后，根据公司以上三个项目当年发生的实际值减去其正常值，估计出其异常值。Cohen 等（2010）、李增福等（2011）都指出，企业往往同时采取销售操控、费用操控和生产操控三种方式进行盈余管理，这样就需要把这三个因素综合起来考虑。因此，本书借鉴李增福等（2011b）的做法，引入一个综合变量作为真实活动盈余管理的综合计量指标（NRM-PROXY）。NRM-PROXY 指标定义为：

NRM-PROXY = − Abnormal CFO − Abnormal DISEXP + Abnormal PROD

该指标为正表示向上盈余管理，为负表示向下盈余管理；指标的绝对值越大表示盈余管理程度越强。

（2）自变量。本研究涉及的自变量包括股权激励强度和管理权力。关于股权激励强度的计量，较早的研究中，国外学者常用的是企业的权益价值每增加1 000美元经理人股票期权组合价值增加的幅度（Jensen et al，1990），或者是股票价格每增加1%所带来的经理人股票期权报酬的增加额（Gury，1999）。近期研究中许多学者参考Bergstresser等（2006）的计量方法，首先通过公司当前股价与股权激励行权价的价差每增加1%对管理层持有股权和股票期权价值的变动影响来计量管理层股权激励的收益，然后利用股权激励的收益占管理层总薪酬比率来表征管理层股权激励强度。对于信息披露充分、股价反应相对理性的成熟资本市场来说，Bergstresser等（2006）的计量方法是比较适用的。但对于我国弱势有效的资本市场，这种方法无法真实衡量经理人股权激励的强度。结合我国资本市场的现有情况，并考虑到管理权力的作用，本书采用经理人股票期权数量占总股本的比例作为表征股权激励强度的变量。基于西方国家公司治理结构的环境，国外学者用来表征管理权力的指标主要有董事服务于薪酬委员会的时间、两职合一、薪酬委员会中新任命成员的比例、独立董事比例、董事会的规模、股权分散程度等（Bebchuk et al，2006；Otten et al，2008）。考虑到我国的实际情况以及数据的可取得性，本书选取股权集中度（H_1）、两职合一（POST）、经理人在任时间（TIME）、独立董事比例（STRUCTURE）以及董事会规模（BOARD）来表征管理权力。

参考已有的研究，本书选取财务杠杆、公司规模、前期经营业绩等作为控制变量。因变量、自变量、控制变量及其计算或测度方法如表5.3所示。

（3）模型建立。为了检验管理权力的存在使经理人在行权业绩考核指标设置过程中利用盈余管理方式对基期业绩进行打压的行为，本书将应计项目盈余管理（DA）与真实活动盈余管理（NRM-PROXY）两种方式分别与股权激励和管理权力构建如下多元线性回归模型：

表5.3 变量说明

变量	名称	符号	定义
因变量	应计项目盈余管理	DA	利用修正的琼斯模型测度
	真实活动盈余管理	NRM-PROXY	利用真实活动盈余管理综合计量指标公式计算
自变量	股权激励强度	INCENTIVE RATIO	经理人获授股票期权占总股本的比例
	股权集中度	H_1	第一大股东持股比例
	两职合一	POST	董事长兼任总经理，POST取1；否则POST取0
	经理人在任时间	TIME	总经理从上任至股权激励方案公告的在任时间
	独立董事比例	STRUCTURE	独立董事人数/董事会成员人数
	董事会规模	BOARD	董事会的人数
控制变量	财务杠杆	LEV	资产负债率
	公司规模	SIZE	公司资产总额的自然对数
	前期经营业绩	ROA	上年度总资产利润率

$$DA = \beta_0 + \beta_1 \text{INCENTIVE RATIO} + \beta_2 H_1 + \beta_3 \text{POST} + \beta_4 \text{TIME} + \beta_5 \text{STRUCTURE} + \beta_6 \text{BOARD} + \beta_7 \text{LEV} + \beta_8 \text{SIZE} + \beta_9 \text{ROA} + \mu$$

(5.1)

$$\text{NRM-PROXY} = \beta_0 + \beta_1 \text{INCENTIVE RATIO} + \beta_2 H_1 + \beta_3 \text{POST} + \beta_4 \text{TIME} + \beta_5 \text{STRUCTURE} + \beta_6 \text{BOARD} + \beta_7 \text{LEV} + \beta_8 \text{SIZE} + \beta_9 \text{ROA} + \mu$$

(5.2)

5.3.4 样本选择与数据来源

本书以2006年1月1日至2012年6月30日公告的290个股票期权激励计划为研究对象，剔除了方案中没有采用净利润增长率作为业绩考核指标、没有明确指明行权业绩考核基期、业绩指标量化较为困难、净利润增长率有极端异常值、数据披露不完整以及ST（经营连续两年亏损，特别处理）、*ST（经营连续三年亏损，退市预警）的公司，最终得到 184 个有效方案①作为观察样本。为了剔除行业、企业规模对盈余管理的影响，本书选取了行业相同、规模相近未公告股权激励计划的企业作为对照样本。

股票期权方案及其公告时间来自中国证监会指定信息披露网站巨潮资讯网；行权业绩考核指标及其标准等数据系作者查阅股票期权激励方案手工整理得到；其他数据来自国泰君安数据库。

5.4 实证结果及其分析

5.4.1 经理人的盈余管理行为分析

观察样本组和对照样本组的行权业绩考核基期的盈余管理指标的描述性统计结果如表 5.4 所示。

表 5.4 行权业绩考核基期的盈余管理指标的描述性统计结果

统计指标	应计项目盈余管理（DA）		真实活动盈余管理（NRM-PROXY）	
	观察样本组	对照样本组	观察样本组	对照样本组
最小值	-0.850 9	-0.756 0	-2.146 7	-1.540 1
最大值	0.946 4	0.434 9	1.068 4	0.778 5
均值	0.075 3	0.021 8	-0.179 1	-0.049 8
标准差	0.177 5	0.131 5	0.451 8	0.286 4
样本量	184	184	184	184

从表 5.4 可以看出，对于同行业、同规模的公司，观察样本组与对照样本组的应计项目盈余管理指标均值（可操控性应计利润）均为正值但绝对值较小。与应计项目盈余管理指标相反，两个样本组的真实活

---

① 涉及的公司家数少于 184，因为个别公司公告了不止一个方案。

动盈余管理指标均值均为负值且绝对值较大。初步判断，公告股权激励计划的公司更有可能利用真实活动对考核基期的业绩进行向下的操纵，但该行为是否显著需要进一步检验。观察样本组与对照样本组的盈余管理指标的配对样本 T 检验结果如表 5.5 所示。

表 5.5　观察样本组与对照样本组的盈余管理指标的配对样本 T 检验结果

盈余管理指标	配对样本	T	自由度	显著性（双侧）	均差	95%置信区间	
						下限值	上限值
DA	观察组－对照组	3.344 0	183	0.001 0	0.053 5	0.021 9	0.085 0
NRM-PROXY	观察组－对照组	-3.663 0	183	0.000 0	-0.129 3	-0.199 0	-0.059 7

应计项目盈余管理指标配对样本 T 检验的结果显示，观察样本组的可操控性应计利润为正且显著大于对照样本组，这说明股权激励公司没有通过可操控性应计利润进行向下的盈余管理，反而进行了向上的盈余管理，即假设 5.1（a）没有通过检验。真实活动盈余管理指标配对样本 T 检验的结果显示，观察样本组的 NRM-PROXY 为负，且其绝对值显著大于对照样本组，这说明股权激励公司利用真实经营活动进行了向下的盈余管理，假设 5.1（b）通过了检验。进一步分析发现，两组的应计项目盈余管理指标值差异的绝对值较小（0.053 5），而真实活动盈余管理指标值差异的绝对值较大（0.129 3），后者是前者的 2.42 倍。因此，公告股权激励的公司更倾向于通过真实活动对考核基期的业绩进行向下的盈余管理。

5.4.2　股权激励、管理权力与盈余管理的回归分析

以上分析表明，在业绩考核基期，股权激励公司存在利用真实经营活动进行向下的盈余管理行为。但是，导致上市公司盈余管理行为的因素众多，为了验证股权激励强度与经理人通过管理权力采取盈余管理行为之间的相关性，本书将利用假设 5.2 进行回归分析。假设中各变量的

描述性统计结果如表 5.6 所示。

表 5.6　回归模型中变量的描述性统计结果

变量	观察值个数 (N)	最小值	最大值	均值	标准差
NRM - PROXY	184	-2.146 7	1.068 4	-0.179 1	0.451 8
INCENTIVE RATIO	184	0.000 0	0.072 5	0.014 2	0.015 2
H_1	184	0.089 4	0.697 5	0.351 7	0.140 1
POST	184	0.000 0	1.000 0	0.360 0	0.482 0
TIME	184	1.000 0	24.000 0	6.540 0	4.285 0
STRUCTURE	184	0.300 0	0.750 0	0.375 9	0.064 8
BOARD	184	3.000 0	10.000 0	5.570 0	1.419 0
SIZE	184	15.655 5	22.877 1	18.662 8	1.173 6
LEV	184	0.017 8	0.886 6	0.332 5	0.204 8
ROA	184	0.010 4	0.352 3	0.124 6	0.072 8

从表 5.6 的结果可以看出，经理人获授股票期权占总股本的比例介于 0%~7.25%，均值为 1.42%，标准差为 1.52%，说明各个方案的股权激励强度有比较大的差别。第一大股东持股比例均值为 35.17%，说明股权集中度较高。两职合一的均值为 36%，说明在公布股票期权方案的上市公司中，有 36% 的公司的董事长同时兼任总经理，而且在进行股权激励方案的整理时，作者发现，两职合一的情况多存在于民营高新技术企业，该类企业的创始人一直担任公司的董事长，在公司上市后仍不愿意放权，于是通过董事会任命自己为总经理，从而出现了两职合一的现象。总经理在任时间平均为 6.54 年，标准差为 4.29 年，说明各个公司之间该指标差异较大。独立董事人数占董事会规模的比例均值为 37.59%，标准差为 6.48%；董事会规模均值为 5.57 人，标准差为 1.42 人。以上两个指标各个公司之间存在一定的差异但不是很大。

在进行回归分析之前，本书进行了 NRM-PROXY 与各解释变量以及控制变量之间的方差分析，结果如表 5.7 所示。F 统计量为 7.316，

Sig. 值为 0，说明 NRM-PROXY 与各解释变量以及控制变量之间存在着线性关系，模型拟合结果较好。

表 5.7 NRM-PROXY 与各解释变量以及控制变量之间的方差分析

指标	离差平方和	自由度	均方差	F	Sig.
回归平方和	10.230	10	1.137	7.316	0.000
残差平方和	26.722	173	0.155		
总离差平方和	36.952	183	—		

假设 5.2 的多元线性回归分析结果如表 5.8 所示。

表 5.8 多元线性回归分析结果

变量	参数估计		共线性诊断		
	非标准系数	标准误差	显著性	容差	方差膨胀因子
常数	-0.074	0.576	0.089	—	—
INCENTIVE RATIO	-10.082	1.990	0.000	0.938	1.066
H_1	0.204	0.212	0.049	0.976	1.024
POST	-0.198	0.070	0.005	0.749	1.335
TIME	0.012	0.008	0.134	0.785	1.274
STRUCTURE	0.468	0.468	0.037	0.932	1.073
BOARD	0.075	0.022	0.001	0.886	1.128
LEV	-0.028	0.029	0.330	0.732	1.366
SIZE	0.091	0.185	0.623	0.599	1.670
ROA	-1.055	0.478	0.029	0.708	1.412

解释变量 INCENTIVE RATIO 的 T 检验伴随概率值为 0.000，即在 1% 的显著性水平下拒绝参数为零的原假设，说明股权激励强度越大，经理人越有动机运用真实活动盈余管理对考核基期的业绩进行负向操纵；解释变量 H_1、POST、STRUCTURE 和 BOARD 的 T 检验伴随概率值均小于 0.05，即在 5% 的显著性水平下拒绝参数为零的原假设，说明第一大股东持股比例越低、两职合一、独立董事占董事会的比例越小以及

董事会规模越小，经理人的上述操纵行为越严重。也就是说，股权激励强度越大，经理人越有动机通过管理权力运用真实经营活动对考核基期的业绩进行向下的盈余管理。解释变量中 TIME 的回归系数没有通过显著性检验，说明股权激励实施中经理人的任期不会对盈余管理行为产生实质性影响。控制变量中，ROA 的回归参数在 5% 水平上显著，再一次验证了上市公司基于前期经营业绩的盈余管理行为的存在。表 5.8 同时给出了多重共线性检验的结果，各个变量的方差膨胀因子均小于 2，不存在多重共线性，模型拟合有效。

5.4.3 稳健性检验

公司设立监事会是为了对董事会进行监督，并与独立董事共同对公司经营管理层进行监督。林俊清等（2003）的研究发现，监事会规模越大，监事会的监督能力越强，对经理人管理权力的限制就越大。因此监事会规模可能会影响经理人的机会主义行为，从而影响上述实证结果的稳健性。为了检验本书结论的可靠性，增加了"监事会规模"这一解释变量后再次进行回归分析。回归结果显示，加入"监事会规模"后，INCENTIVE RATIO、H_1、POST、STRUCTURE、BOARD 与 NRM-PROXY 之间的相关系数在 5% 的水平下仍然显著，且方向与表 5.8 的结果一致。而新加入的"监事会规模"变量对因变量有不显著的正向影响，与我们的预期符号相一致。总而言之，稳健性检验的结果表明，之前自变量的选取是有效的。

5.5 本章小结

本书在考查了上市公司股票期权方案中行权业绩考核指标及其标准设置的基础上，重点研究了经理人针对业绩考核基期所采取的盈余管理行为，得到了以下结论：

（1）股票期权方案中设置的业绩考核标准明显偏低，使得股权激励计划缺乏激励性。

（2）为了降低将来行权业绩达标的难度，经理人通过真实活动盈余管理方式对行权考核基期的业绩进行了向下的盈余管理。

（3）股权激励强度与真实活动盈余管理程度呈显著正相关；管理权力对经理人的盈余管理行为具有直接影响，其中，两职合一与真实活动盈余管理呈显著负相关；第一大股东持股比例、独立董事占董事会的比例和董事会规模与真实活动盈余管理呈显著正相关。

以上结论表明，在设置相对较低的业绩考核标准的同时，为了进一步降低行权业绩达标的难度，经理人倾向于运用管理权力通过真实活动盈余管理打压考核基期的业绩。这两方面的共同作用使股权激励计划的业绩考核标准更容易达到，导致股权激励计划缺乏激励性。

根据以上研究结论，本书提出以下建议：

（1）监管部门应该加强对股权激励业绩考核指标及标准的规范，并严格控制激励计划的审批，保证其激励性与约束性。

（2）对股权激励上市公司信息披露的要求应进一步加强，尤其是要求企业对生产成本、经营性现金流量和酌酬性费用的异常变动予以充分解释，从而抑制经理人运用真实活动进行盈余管理的行为，使股权激励能够发挥应有的作用。

（3）从公司内部来讲，应该进一步优化公司治理结构，适当弱化经理人的管理权力。

第6章　股权激励实施中针对行权考核期的盈余管理

6.1　问题的提出

　　自《管理办法》颁布至 2015 年 12 月 31 日，上市公司公告了大约 1 200 个股权激励方案，大部分方案已经付诸实施。股权激励的方式多种多样，如业绩股票、股票期权、股票增值权、限制性股票、员工或管理层持股等。其中，股票期权和限制性股票在我国上市公司股权激励计划中的应用最为普遍，通过授予经理人一定数量的股票期权和限制性股票，使经理人和股东的价值趋于一致，当身为经理人的代理人做出决策时就会反复权衡，从而部分地解决委托人和代理人之间的利益冲突问题。理论上股权激励能够在一定程度上使经理人为股东利益最大化而努力工作，但有很多研究表明股权激励也可能诱使经理人的盈余管理行为（Bartov et al，2000；Gao，2002；Beneish and Vargus，2002；Safdar，2003；Wei，2004；Cheng et al，2005；Bergstresser et al，2006）。

　　我国实行的是基于业绩考核的股权激励，该类股权激励意味着经理人行权（股票期权）或解禁（限制性股票）不仅有等待期的要求而且要达到事先设定的业绩考核标准。在行权或解禁的业绩考核指标的选择上，现有方案中绝大多数将净利润增长率单独使用或者与其他指标结合使用（肖淑芳等，2013）。因此在本书的后续研究中，将以净利润增长率作为行权或解禁业绩考核指标的代表。为了比较容易达到业绩考核标准，经理人有可能操纵行权业绩考核标准。吕长江等（2009）研究发现我国股票期权行权业绩考核的目标值偏低，吴育辉和吴世农（2010）发现股权激励方案中绩效考核指标设计异常宽松；肖淑芳等（2013）进一步研究发现，经理人通过盈余管理方式对行权业绩考核指标（净利润增长率）的考核基期业绩进行了打压，目的是降低行权达标的难度。

在行权或解禁业绩不达标的情况下，经理人也有可能通过盈余管理方式提升业绩。我国上市公司实施股权激励的十年时间里，对于为了达到行权目的而操纵业绩的质疑声不断。例如，2013年12月7日，唐人神（002567）发布公告称，向其控股股东出售旗下一家子公司100%的股权，因此将获利5 200万元。分析师认为，此举是为确保股权激励计划的顺利实施。唐人神曾在2012年发布股权激励计划，向激励对象授予3 693万份股票期权。按计划规定的行权条件测算，2013年公司净利润达到1.6亿元左右才可以行权。公司10月曾预测2013年净利润将在1.41亿~1.94亿元，实际上已将股权转让产生的收益纳入其中，即转让子公司是为了让激励对象顺利行权[①]。2013年太阳鸟（300123）前三季度收入同比增长18.59%，而应收账款同比大增74.75%。分析师认为，太阳鸟前三季度应收账款增加较多，与股权激励不无关系。公司2013年5月公布股票期权草案，计划授予的股票期权约占总股本的2.69%，行权条件是：以2012年为基准，公司营业收入和扣除非经常性损益净利润的增速，2013、2014、2015、2016年分别不低于15%、30%、50%、75%。公司2013年前三季度扣除非经常性损益净利润为3929.4万元，相比2012年同期增长16.66%，刚刚达到股权激励所设定的15%这一目标增长值。这不禁让人疑惑，太阳鸟是否在粉

---

① 引自2013年12月10日《每日经济新闻》。

饰业绩为股权激励铺路？[①]

为了顺利达到行权或解禁考核业绩要求，经理人在行权考核期有意做高业绩水平的现象是否普遍存在？之前的研究只涉及了股权激励方案中业绩考核指标体系设计存在的问题，如行权业绩考核的目标值偏低，刻意对行权业绩考核基期业绩进行打压等，而没有针对行权业绩达标可能存在的操纵行为的研究。本书将以我国已行权和解禁的上市公司为样本，重点研究经理人是否为了达到行权要求，利用手中的管理权力对考核期业绩采取盈余管理行为。希望本研究能为我国上市公司股权激励实施中的经理人的盈余管理行为提供经验证据，为完善股权激励制度、优化高管管理权力安排、完善公司治理结构提供一定程度的实证支撑。

6.2 行权前盈余管理的研究假设

6.2.1 股权激励计划中业绩考核指标的设计

《管理办法》规定激励对象为董事和高级管理人员的，上市公司应当建立业绩考核体系和考核办法，以业绩考核指标为实施股权激励计划的条件。高管只有达到考核标准才能进行股票期权的行权和限制性股票的解禁。

通过查阅股权激励计划方案，对股票期权行权与限制性股票解禁的业绩考核指标的设计进行了分析，发现股权激励业绩考核采取了包括净资产收益率、净利润增长率等财务指标和会计师未出具否定意见或者无法表示意见的审计报告等非财务指标。由于非财务指标相比财务指标对于公司本身来说更具有不可操控性且不易计量，因此本书仅汇总财务指标，结果如表6.1所示。

[①] 引自2013年12月9日《证券市场周刊》。

表 6.1 股权激励方案中财务业绩考核指标汇总表

频率排名	行权（解禁）需满足条件	分布状况	
		方案/个	比例/%
1	同时使用净利润增长率、净资产收益率	206	50.49
2	同时使用净利润增长率、净资产收益率、净利润	84	20.59
3	同时使用净利润增长率、营业收入增长率	35	8.58
4	同时使用净利润增长率、净资产收益率、每股收益	16	3.92
5	同时使用净资产收益率、利润总额增长率	15	3.68
6	仅使用净利润增长率	12	2.94
7	同时使用净利润增长率、每股收益	10	2.45
8	同时使用净资产收益率、净利润	7	1.71
9	同时使用净资产收益率、营业收入增长率、每股收益增长率	8	1.96
10	同时使用净利润增长率、净资产收益率、每股收益增长率	5	1.23
11	仅使用净资产收益率	4	0.98
12	仅使用营业收入增长率	4	0.98
13	同时使用净利润增长率、主营业务收入增长率	2	0.49
	合计	408	100.00

由表 6.1 中的数据可以看出，各上市公司股权激励计划中的业绩考核指标选择具有多样性和组合型的特点，仅使用单一财务指标的公司不足总数的 5%，而有超过半数的上市公司选择了净利润增长率和净资产收益率的组合方式作为行权与解禁的业绩考核指标，其中，绝大多数公司均使用了净利润增长率这一财务指标，约占到 90%。此外，净利润[①]总额也是公司考核标准的常用指标之一。因此，在本书的后续研究中使用净利润增长率作为业绩考核指标的代表。

---

① 根据 2008 年 3 月 17 日中国证监会公布的《备忘录 2 号》的规定，绩效考核指标如涉及会计利润，则应采用按新会计准则计算、扣除非经常性损益后的净利润。

6.2.2 针对行权业绩达标的盈余管理分析

上文分析表明,我国上市公司股票期权行权达标或限制性股票解禁达标的指标主要是净利润增长率。根据考核的要求,净利润增长率=(行权或解禁考核期净利润-考核基期净利润)/考核基期净利润。一方面,管理层有可能利用盈余管理方式操纵考核基期的会计业绩,因为若考核基期业绩水平较低,以事先约定的净利润增长率增长后的业绩考核目标也就相对较低,达到行权与解禁考核标准的可能性就相对较大;另一方面,若预计到考核期业绩不达标,公司管理层有可能通过盈余管理方式操纵会计业绩使其达标。因此,本书将分别从业绩考核基期与考核期两方面入手,分析针对股权激励业绩达标的盈余管理行为。

1. 业绩考核基期的盈余管理行为分析

股票期权的行权与限制性股票的解禁业绩考核基期的业绩水平是整个股权激励计划实施的基础与起点,基期的业绩指标将会直接影响股权激励计划能否顺利实施,关系到整个股权激励计划的成败与效果。若基期业绩水平(如净利润)较低,则在相同的净利润增长率目标下,激励对象就比较容易达到行权与解禁的业绩考核要求,股权激励的效果也会在一定程度上打折扣。若基期业绩水平较高,即基期净利润较大,则实现一定的净利润增长率目标难度就相应加大,激励对象成功行权与解禁的可能性也会在一定程度上降低。因此,公司高管有动机为了获取股权激励的收益而降低行权与解禁的难度,即打压考核基期业绩水平,如对考核基期的业绩进行向下的盈余管理等。

大部分研究表明,在股权激励计划的制订与实施过程中,为了使激励收益最大化,经理人会通过盈余管理对公司业绩进行操纵,如经理人在授权日前为了获得较低的行权价对利润进行向下的盈余管理(Baker et al,2003;肖淑芳等,2009);股票期权方案中设置的主要行权业绩考核指标(净利润增长率)的标准不仅显著偏低而且考核基期的业绩显著低于历史业绩,使得股权激励方案缺乏激励性,考核基期业绩显著低于历史业绩的主要原因是经理人通过真实活动盈余管理方式对基期业绩进行了打压，股权激励比例、管理权力大小与盈余管理程度显著正相关，说明股权激励是诱发盈余管理的直接动因，而管理权力的存在加剧了这种操纵行为（肖淑芳等，2013）。

基于以上分析，本书提出假设6.1：

假设6.1：实施股权激励的公司高管对考核基期业绩进行向下的盈余管理。

2. 业绩考核期的盈余管理行为分析

在股权激励实施过程中，经理人行权或解禁的前提条件之一是满足业绩考核的标准。在业绩不达标的情况下，为了实现激励收益，经理人有动机对行权考核期的业绩进行盈余管理。Bartov 和 Mohanram（2004）对 1992—2001 年 1 200 家美国上市公司进行研究，结果发现，由于高管在行权前进行盈余管理，因此公司业绩在高管行权之前异常好，之后则变差。Irfan Safdar（2003）的研究发现，经理人在股票期权行权期之前，为了提高股票价格，可能利用应计利润改变企业的盈余。行权前为了抬高行权后出售时的股价而对利润进行向上的盈余管理（Bartov and Mohanra, 2004; Cheng et al, 2005; Bergstresser and Philippon, 2006）。Daniel Bergstresser 和 Thomas Phillippon（2006）验证了 CEO 利用可操控应计利润进行盈余管理，发现那些 CEO 的报酬对股票价格越敏感的公司，盈余管理的程度就越高。

国内也有相应的经验证据。为了满足行权与解禁条件，获取激励收益，高管有动机在行权与解禁考核期向上调整会计业绩。苏冬蔚和林大庞（2010）从股权激励对公司的治理效应视角进行研究，发现实施股权激励的上市公司中，高管的盈余管理行为使行权的概率大大增加，而与此同时，行权后的公司业绩呈现明显的异常下降趋势。陈德萍和尹哲茗（2015）检验盈余管理行为与经理人行权概率的相关性时，研究结果表明，行权后与行权前相比，公司的盈余管理强度与股权激励强度的负相关关系有所减弱，股权激励行权后的公司业绩表现异常且明显降低，即股权期权的行权诱发了高管的盈余管理行为。张林和蔡洋（2014）以我国 2011—2012 年实施股权激励计划的上市公司数据为样本，分析了上市公司股权激励与盈余管理的相关性，实证研究表明实施股权激励计划前，经理人对企业业绩进行了向下的盈余操控，而实施股权激励计划后，管理层对公司的盈余管理出现向上反转，表明股权激励与盈余管理行为正相关。

扣除非经常性损益后的净利润增长率和净资产收益率是行权业绩考核最主要的两个指标①。本书统计了 2006 年 1 月 1 日—2013 年 4 月 30 日已行权的 86 个股票期权方案中净利润增长率和净资产收益率这两个业绩考核标准的均值和行权时这两个业绩指标的实际值均值，比较的结果如图 6.1 和图 6.2 所示。

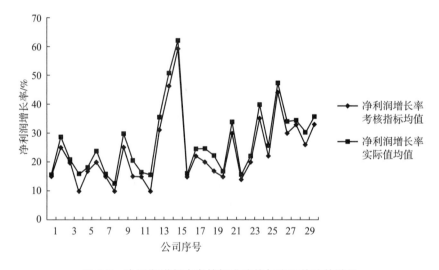

图 6.1　净利润增长率考核标准均值与实际值均值差异

图 6.1 和图 6.2 说明，上市公司实际业绩水平基本刚好达到股票期权所设定的行权业绩考核标准要求，这是否说明刚好达到股票期权所设定的目标增长值的业绩水平是经理人为达到行权考核要求而人为进行盈

---

① 本书对 43 家已行权上市公司股权激励方案中的行权业绩考核指标进行汇总分析，发现在考核指标的选择上，净利润增长率和净资产收益率的使用频率最高，有 36 家公司（占83.72%）使用净利润增长率，有 37 家公司（占 86.05%）使用净资产收益率，有 30 家公司（占 69.77%）同时使用两指标。鉴于以上两指标的使用频率及净利润增长率在分析利润操控方面的代表性，在本书的后续研究中，以净利润增长率作为行权业绩考核指标的主要代表。

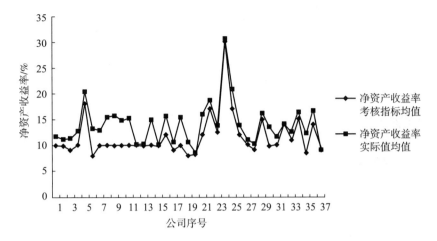

图 6.2 净资产收益率考核标准均值与实际值均值差异

余管理的结果呢?

若公司高管对考核基期业绩进行了打压与操控,那么行权与解禁时达到相应考核标准的压力也相应减小,高管对考核期的盈余管理行为可能有所收敛,即考核期与考核基期相比较,盈余管理程度有可能减弱。基于以上分析,本书提出以下假设:

假设 6.2 (a):基期业绩明显存在盈余管理迹象的公司,即基期业绩被明显向下打压过的公司,其管理层针对考核期的业绩不存在明显的盈余管理行为。

假设 6.2 (b):基期业绩不明显存在盈余管理迹象的公司,即基期业绩没有被明显向下打压过的公司,其管理层针对考核期的业绩可能存在向上的盈余操控。

3. 股权激励与盈余管理

在高管获授股票期权或限制性股票后,每期的业绩都应满足行权与解禁的考核条件,在预期经营业绩不佳的情况下,经理人为了使考核期业绩达到业绩考核的标准,有动机进行盈余管理,抬高公司业绩,而且激励强度越大,经理人就越有动机进行向上的盈余管理。大量研究表明,股权激励强度越大,经理人采取盈余管理行为的动机就越强(Gao,2002;Bergstresser et al,2006;Cheng et al,2005;肖淑芳等,

2009）基于以上分析，本书提出假设6.3：

假设6.3：高管盈余管理行为与股权激励强度正相关。

有很多学者发现公司管理权力过大弱化了公司治理，他们认为不仅股东与经理人之间存在代理问题，股东与董事会之间也存在代理问题。过大的管理权力使得经理人凌驾于董事会之上，左右薪酬委员会，使得股权激励成为经理人寻租的工具（Bebchuk and Fried，2003、2005；Dorff，2005；吕长江和赵宇恒，2008）。而经理人管理权力的存在弱化了公司治理，使经理人采取盈余管理行为获得股权激励额外收益的现象更为严重（Bebchuk et al，2003、2005、2010；Dorff，2005；Morse et al，2006；吕长江等，2008）。王烨等（2012）以2005—2011年度公告或实施股权激励计划的上市公司为样本，采用修正的琼斯模型和配对样本T检验，分析了管理层权力与股权激励计划中的管理层机会主义行为，实证结果验证了所提假设，即管理层权力越大，股权激励计划中设定的考核标准相应越低，股权激励的效果相应越差。张晨宇和窦欢（2015）整合了高管股权激励效应与机会主义行为的相关研究成果，从管理层权力理论的角度出发，发现高管倾向于利用管理层权力为自身选择机会主义行为，从而获取高额利润。管理权力的存在使经理人在实施股权激励过程中对考核基期业绩的操纵更具有可实施性。基于以上分析并结合假设6.3，本书提出假设6.4：

假设6.4：管理层权力在股权激励与盈余管理关系之间起正向调节作用。

6.3 研究设计

6.3.1 变量定义

1. 因变量

本书的因变量是盈余管理。关于盈余管理的方式，自从琼斯模型提出后，很多研究都利用"操控性应计利润"来表征盈余管理程度，它是基于应计项目操控的盈余管理。但是由于会计准则的日益完善和监管力度的不断加强，利用应计项目进行盈余管理的空间逐渐缩小（李彬等，2009）；另外，公司操控应计利润的能力也可能受到公司经营和以前年度的应计利润的限制（Barton et al，2002）。因此，上市公司盈余管理的方式逐步从主要通过应计项目转变为利用真实活动来进行（Graham et al，2005；Roychowdhury，2006；Cohen et al，2008；李增福等，2011；张俊瑞等，2008）。基于以上两种盈余管理方式的特点，上市公司有可能会交替采用应计项目和真实活动进行盈余管理（Zang，2006）[①]。

（1）应计项目盈余管理。关于应计项目盈余管理程度的测度，Guay（1996）、Bartov（2000）、夏立军（2002）等的研究都验证了用修正的琼斯模型衡量相对更加有效。因此本书采用修正的琼斯模型测度应计项目盈余管理的程度。

首先，将样本公司按行业进行分类，搜集本行业内可匹配的非样本公司作为对照样本，将同期的报表数据进行汇总并计算获取总体数据，带入以下模型进行回归分析，估计总体特征参数 α_1、α_2、α_3。

$$TA_{it}/A_{it-1} = \alpha_1(1/A_{it-1}) + \alpha_2(\Delta REV_{it}/A_{it-1}) + \alpha_3(PPE_{it}/A_{it-1}) + \varepsilon \quad (6.1)$$

$$TA_{it} = EBXI_{it} - CFO_{it} \quad (6.2)$$

式中，TA_{it} 表示总应计利润；$EBXI_{it}$ 表示营业利润；CFO_{it} 表示经营活动现金净流量；A_{it-1} 为 i 公司第 $t-1$ 期期末的总资产；ΔREV_{it} 为 i 公司第 t 期销售收入和第 $t-1$ 期销售收入的差额；PPE_{it} 是 i 公司第 t 期期末总的固定资产原值；t 为行权与解禁的考核期。

为获取样本公司和非样本公司的相应数据，计算各公司不可操控性应计利润（NDA），构造下列方程：

[①] 本书研究中涉及的业绩考核指标主要为净利润增长率和净资产收益率指标，而《备忘录2号》中规定绩效考核指标如涉及会计利润，则应采用按新会计准则计算、扣除非经常性损益后的净利润。因此在股权激励实施中，经理人不可能利用非经常性损益而只能利用应计项目与真实经营活动方式进行盈余管理。

$$NDA_{it}/A_{it-1} = \alpha_1(1/A_{it-1}) + \alpha_2(\Delta REV_{it} - \Delta REC_{it})/A_{it-1} + \alpha_3(PPE_{it}/A_{it-1}) \tag{6.3}$$

上式中各变量与参数表征意义同上，其中 ΔREC 为应收账款的增加额。

最后，计算样本公司行权与解禁的考核期的"操控性应计利润（DA）"，即

$$DA_{it} = TA_{it} - NDA_{it} \tag{6.4}$$

利用上述模型分别计算样本组和对照组在业绩考核基期与考核期的可操控性应计利润，然后运用配对样本 T 检验的方法分析两者之间的差异。

（2）真实活动盈余管理。关于真实活动盈余管理的测度，目前较多采用 Roychowdhury（2006）的模型。该模型将真实活动盈余管理分为三个组成部分，即销售操控、费用操控和生产操控。销售操控是指通过提供价格折扣或者宽松的信用条件等来增加销售额从而增加利润的行为，表现为当期可能具有异常低的经营现金流量（Abnormal CFO）；费用操控是指通过降低酌量性费用来增加利润的行为，表现为当期可能具有异常低的酌量性费用（Abnormal DISEXP）；生产操控是指通过增加产品生产数量从而降低单位产品所负担的固定制造费用来增加利润的行为，表现为当期可能具有异常高的生产总成本（Abnormal PROD）。以上操控行为的估计方法为：首先，通过回归分析估计出经营现金流量、酌量性费用和生产总成本的正常值；然后，用公司当年发生的经营现金流量、酌量性费用和生产总成本的实际值减去其正常值，得出其异常值。Cohen and Zarowin（2010）和李增福等（2011）认为企业往往同时采取销售操控、费用操控和生产操控三种方式进行盈余管理，因此需要一个综合反映真实活动盈余管理的指标。本研究借鉴了李增福等（2011）提出的综合反映真实活动盈余管理的指标（NRM-PROXY），其定义如下：

$$NRM\text{-}PROXY = -\text{Abnormal CFO} + \text{Abnormal PROD} - \text{Abnormal DISEXP} \tag{6.5}$$

该指标为正表示向上盈余管理，为负表示向下盈余管理；指标的绝

对值越大表示盈余管理程度越强。

2. 自变量

本研究涉及的自变量为股权激励强度和管理权力。对于信息披露充分、股价反应相对理性的成熟资本市场，一般采用 Bergstresser 等（2006）的计量方法，即利用股权激励收益占管理层总薪酬的比例来表征管理层股权激励强度；也有采用股权激励计划公告中分配给公司高管的股票期权与限制性股票数量占股本总额的比例作为衡量股权激励强度的指标。考虑到我国上市公司在信息披露、股价反应和对市场反馈及时性等方面的表现，相较于国外成熟的资本市场来说不尽如人意，且高管的管理层权力可以表现在股权激励计划中分配给高管的股票期权与限制性股票数量这一指标上，因此本书选择了股权激励计划公告中分配给高管的股票期权或者限制性股票数（以下简称高管持股数）占股本总额的比例作为衡量股权激励强度的变量。股权激励强度值会依据行权与解禁股数发生变化，在股本总额不变的情况下，每次行权与解禁后的高管持股数应为此次行权与解禁前的持股数减去此次已行权与解禁的数。

关于管理权力，本书采用肖淑芳和马锡润（2013）设计的管理权力指数（MPI）进行计量。管理权力指数是由股权结构、董事会、监事会和总经理个人特征四个维度 16 个指标构成的管理权力综合评价模型。具体模型如下：

$$\text{MPI} = 0.259F_1 + 0.137F_2 + 0.105F_3 + 0.07F_4 + \\ 0.058F_5 + 0.054F_6 + 0.05F_7 \tag{6.6}$$

F_1 至 F_7 的计算详见表 6.2 的成分得分系数矩阵。

表 6.2 成分得分系数矩阵

指标	成分						
	F_1	F_2	F_3	F_4	F_5	F_6	F_7
公司股权集中度 X_1	-0.031	0.852	0.106	0.002	0.007	-0.007	-0.005
两权分离度 X_2	-0.069	-0.144	0.969	-0.063	0.108	-0.036	-0.052
董事会持股比例 X_3	-0.011	-0.011	0.008	0.002	0.003	-0.010	-0.012

续表

指标	成分						
	F_1	F_2	F_3	F_4	F_5	F_6	F_7
总经理任期 X_4	0.000	0.013	0.018	0.002	0.026	-0.016	0.036
总经理兼任董事长或董事 X_5	-0.007	0.027	0.076	-0.055	-0.005	-0.086	0.989
总经理是否具有政治关联 X_6	-0.044	-0.058	0.045	-0.037	-0.095	1.023	-0.050
总经理在其他单位兼职 X_7	-0.023	0.043	-0.037	1.011	-0.025	-0.043	-0.068
总经理教育背景 X_8	-0.010	-0.028	-0.106	0.035	0.043	-0.117	0.066
总经理是否受过奖励 X_9	-0.019	0.000	-0.091	-0.066	1.011	-0.094	-0.093
董事会规模 X_{10}	-0.012	0.160	0.025	-0.002	0.004	0.003	0.005
独立董事比例 X_{11}	-0.006	-0.040	0.008	-0.002	-0.001	0.004	-0.002
年度董事会会议次数 X_{12}	-0.002	0.003	-0.008	-0.001	0.003	-0.002	0.001
未领取薪酬的董事比例 X_{13}	0.453	-0.195	0.088	-0.020	-0.024	-0.057	0.123
监事会规模 X_{14}	-0.003	0.014	0.053	-0.006	0.006	0.000	0.018
年度监事会会议次数 X_{15}	-0.004	-0.004	-0.025	0.002	0.001	-0.001	0.000
未领取薪酬的监事比例 X_{16}	0.662	0.198	0.105	0.030	-0.008	-0.055	-0.234

3. 控制变量

关于控制变量，本书参考已有研究选取了财务杠杆（LEV）、公司规模（SIZE）和前期经营业绩（ROA）。

所有变量定义与计量如表6.3所示。

表 6.3　变量定义与计量

变量	名称	符号	计量
因变量	应计项目盈余管理	DA	按照修正的琼斯模型计算
	真实活动盈余管理	NRM-PROXY	按照本书的公式（5.5）计算
自变量1	股权激励强度	INCENTIVE RATIO	经理人获授股票期权数量占总股本的比例
自变量2	管理层权力	MPI	按照本书的公式（5.6）计算
控制变量	公司规模	SIZE	公司资产总额的自然对数
	财务杠杆	LEV	资产负债率
	前期营业回报率	ROA	上年度总资产利润率

6.3.2　模型建立

为检验假设 6.3 中应计项目盈余管理和真实活动盈余管理与股权激励的关系，构建多元回归模型（1）和模型（2）：

$$DA = a\text{INCENTIVE RATIO} + \beta_1 \text{LEV} + \beta_2 \text{SIZE} + \beta_3 \text{ROA} + \varepsilon_1$$

模型（1）

$$\text{NRM-PROXY} = b\text{INCENTIVE RATIO} + \beta_1 \text{LEV} + \beta_2 \text{SIZE} + \beta_3 \text{ROA} + \varepsilon_2$$

模型（2）

本书认为管理权力是股权激励强度对盈余管理影响的调节变量。因此在检验假设 6.4 时，需要验证管理层权力与股权激励的显著性，构造模型（3）和模型（4）。首先，按照样本公司管理层权力均值分组，大于均值的为高管理层权力组，赋值为 1；小于均值的为低管理层权力组，赋值为 0，然后将两组数据分别与股权激励强度相乘。

$$DA = c\text{INCENTIVE RATIO} + d\text{MPI} + e(\text{INCENTIVE RATIO} \times \text{MPI}) + \beta_1 \text{LEV} + \beta_2 \text{SIZE} + \beta_3 \text{ROA} + \varepsilon_1$$

模型（3）

$$\text{NRM-PROXY} = c\text{INCENTIVE RATIO} + d\text{MPI} + e(\text{INCENTIVE RATIO} \times \text{MPI}) + \beta_1 \text{LEV} + \beta_2 \text{SIZE} + \beta_3 \text{ROA} + \varepsilon_1$$

模型（4）

6.3.3　样本选择与数据来源

本书选取了 2006 年 1 月 1 日—2015 年 12 月 31 日已行权或解禁的

363家公司的361次行权（股票期权）和355次解禁（限制性股票）作为研究对象，合并其中具有相同考核期的行权次数并剔除数据不全的公司，最终得到用于检验本书假设的705个样本观察值组成观察样本组。为了剔除行业和规模（规模比例控制在70%～130%）因素对盈余管理的影响，本书选取了未公告股权激励计划、行业相同、规模相近的公司组成对照样本组。

股权激励计划的相关信息来自中国证监会指定信息披露网站巨潮资讯网，其中行权与解禁的财务业绩考核指标为作者通过国泰安数据库手动收集得到。

6.4 实证结果及分析

6.4.1 考核基期与行权考核期的盈余管理

1. 考核基期盈余管理分析

（1）考核基期净利润增长率。在对考核基期经理人的盈余管理行为进行分析前，本书使用移动平均法，利用上市公司的历史数据对考核基期的净利润增长率进行了预测，将考核基期的净利润增长率预测值与报告值进行比对，并通过单一样本 T 检验方法验证两组数据之间是否存在显著性差异。

考核基期净利润增长率报告值和预测值差异的描述性统计和单一样本 T 检验的结果见表6.4与表6.5。

表6.4 考核基期净利润增长率报告值和预测值差异的描述性统计

项目	观察值个数	极小值	极大值	均值	标准差
差异	705	-1.717	0.471	-0.230	0.155

注：差异 = 考核基期净利润增长率报告值 - 净利润增长率预测值。

表6.5 考核基期净利润增长率报告值和预测值差异的单一样本 T 检验

项目	检验值=0				95%置信区间	
	T 值	自由度	显著性（双侧）	均值差值	下限	上限
差异	-2.157	704	0.021	-0.231	0.135	0.328

注：差异=考核基期净利润增长率报告值-净利润增长率预测值。

结果显示，考核基期年报中披露的报告值与业绩预测值的差异均值为0.231，伴随概率 P 值 $0.021<0.05$，拒绝差异为零的原假设，即在5%的显著性水平下，考核基期报告值显著小于其预测值，确实存在对考核基期业绩向下打压的现象。而基期业绩偏低是否是由于高管的盈余管理行为，还需要进一步研究。

（2）考核基期的盈余管理。观察样本组和对照样本组的应计项目盈余管理的描述性统计分析结果见表6.6。

表6.6 应计项目盈余管理的描述性统计分析

项目	样本量	极小值	极大值	均值	标准差
观察样本组	578	-0.599	0.727	-0.0263	0.017
对照样本组	578	-0.861	0.955	0.0560	0.034

由表6.6可以看出，在同行业、同规模的上市公司中，实施股权激励计划的上市公司与没有实施股权激励计划的上市公司相比较，应计项目盈余管理程度确实存在差异。观察样本组的应计利润均值为-0.0263，而对照样本组的应计利润为0.0560，初步说明对没有实施股权激励计划的上市公司而言，实施股权激励计划的上市公司高管对考核基期的业绩进行了向下的盈余操纵。

观察样本和对照样本的真实活动盈余管理指标 NRM-PROXY 的描述性统计结果如下表6.7所示。

表 6.7 真实活动盈余管理指标的描述性统计结果

项目	观察值个数	极小值	极大值	均值	标准差
观察样本组	578	-2.353	2.927 8	-0.024	0.022
对照样本组	578	-1.374	3.068 5	-0.020	0.100

表 6.7 的真实活动盈余管理的描述性统计结果显示：不论是观察样本组还是对照样本组，均存在通过真实盈余管理行为向下操控基期业绩的现象；实施了股权激励计划的上市公司与未实施股权激励计划的上市公司相比，真实活动盈余管理的差异并不十分显著。

（3）考核基期盈余管理的配对样本 T 检验。表 6.8 是应计项目盈余管理的配对样本 T 检验结果。

表 6.8 应计项目盈余管理的配对样本 T 检验结果

项目	成对差分					T 值	自由度	显著性（双侧）
	均值	标准差	均值的标准误	差分的95%置信区间				
				下限	上限			
观察样本组-对照样本组	-0.038	0.107	0.022	-0.107	0.093	-2.04	578	0.019

表 6.8 显示，在 5% 的置信水平下，观察样本组的可操控性应计利润为负，且显著小于对照样本组，说明实施股权激励计划的上市公司对考核基期业绩进行了向下的应计项目盈余管理。

表 6.9 是真实活动盈余管理的配对样本 T 检验结果。

表 6.9 真实活动盈余管理的配对样本 T 检验结果

项目	成对差分					T 值	自由度	显著性（双侧）
	均值	标准差	均值的标准误	差分的95%置信区间				
				下限	上限			
观察样本组-对照样本组	0.164	1.085	0.162	-0.194	0.390	1.23	578	0.223

表 6.9 显示，在 5% 的置信水平下，检验结果并不显著，说明实施了股权激励计划的上市公司观察样本组，对考核基期的真实活动盈余管理行为并不突出，原因可能是多方面的，比如在股权激励公告日前，高管对考核基期进行真实活动盈余管理的时间不充足等。

考核基期的盈余管理配对样本 T 检验结果证明假设 6.1 部分成立，即实施股权激励计划的上市公司对考核基期业绩进行了向下的应计项目盈余管理，但没有证据表明上市公司通过真实活动盈余管理对考核基期业绩进行了向下的打压。

2. 考核期的盈余管理

基于考核基期盈余管理分析的结论，在验证假设 6.2 时，仅针对应计项目盈余管理进行分析。以 DA 的均值作为划分标准，将考核基期的应计项目盈余管理分成两组，低于均值的一组为高盈余管理组，高于均值的一组为低盈余管理组，分组验证考核基期的盈余管理行为对考核期盈余管理行为的影响。考核基期与考核期的分组应计项目盈余管理的描述性统计及两组的差异如表 6.10 和表 6.11 所示。

表 6.10 考核基期分组应计项目盈余管理及两组之间的差异

考核基期 DA	样本个数	均值	极大值	极小值	标准差
高盈余管理组	313	-0.132 0	-0.599	-0.002	0.076
低盈余管理组	265	0.256 0	0.727	0.005	0.139
样本总体	578	-0.026 3	0.727	-0.599	0.075

表 6.11 考核期分组应计项目盈余管理及两组之间的差异

考核期 DA	样本个数	均值	极大值	极小值	标准差
高盈余管理组	313	0.027	0.296	-0.178	0.038
低盈余管理组	265	0.257	0.761	-0.099	0.144

表 6.10 和 6.11 的结果显示，分组后的上市公司在考核期的盈余管理行为显示出了明显的差异。考核基期高盈余管理组，针对考核期的应计项目盈余管理 DA 均值（0.027）明显小于低盈余管理组（0.257），

且其极大值（0.296）与低盈余管理组的均值（0.257）几乎相当，即在考核基期业绩被明显打压的高盈余管理组，高管对考核期的业绩盈余管理行为不明显；而考核基期业绩没有被明显打压的低盈余管理组，高管对考核期的业绩进行了明显的向上盈余操控，从而验证了假设6.2（a）及假设6.2（b）。

6.4.2　股权激励与行权考核期的盈余管理

1. 股权激励对盈余管理的影响

由于前文证实了实施股权激励计划的上市公司仅采用应计项目盈余管理对考核基期业绩进行向下打压，因此在分析股权激励对盈余管理的影响时，仅需对模型（1）和模型（3）进行检验，模型（2）和模型（4）不需要进一步检验。

（1）回归模型中变量的描述性统计。模型（1）中各变量的描述性统计如表6.12所示。

表6.12　模型（1）中各变量的描述性统计

项目	观察值个数（N）	极小值	极大值	均值	标准差
DA	578	−0.599	0.727	−0.0263	0.017
INCENTIVE RATIO	578	0.0008	0.089	0.014	0.012
SIZE	578	15.373	16.254	15.617	1.169
LEV	578	0.191	0.866	0.370	0.180
ROA	578	0.059	0.528	0.126	0.178
MPI	578	1.164	10.047	4.959	1.385
有效的（N）	578				

由表6.12的统计数据可知，平均股权激励强度较低且各方案之间差异不太大。另外，管理层权力指标的极大值与极小值之间显示出非常大的差异，但平均来讲差异并不大（标准差为1.385）。

（2）回归模型中各变量的相关性检验。模型（1）中各变量的Pearson相关性检验如表6.13所示。

表 6.13　模型（1）中各变量的 Pearson 相关性检验

DA	DA	INCENTIVE RATIO	LEV	SIZE	ROA
DA	1				
INCENTIVE RATIO	0.437**	1			
LEV	-0.477**	-0.033	1		
SIZE	-0.122*	0.078	-0.133*	1	
ROA	-0.065**	0.145	-0.089	-0.112**	1

注：** 表示在 1% 的水平上显著，* 表示在 5% 的水平上显著。

由表 6.13 可以得知，因变量应计项目盈余管理（DA）与自变量股权激励强度（INCENTIVE RATIO）以及与其他控制变量之间存在显著的相关性，部分控制变量之间虽然相关性比较显著，但相关系数比较小。初步说明了盈余管理与股权激励强度间存在一定的正相关性，变量之间不存在多重共线性，可以进一步进行回归分析。

（3）股权激励对盈余管理的回归分析结果。回归模型（1）中的回归结果如表 6.14 所示。

表 6.14　回归模型（1）中的回归结果

项目	DA	
	回归系数	显著性
INCENTIVE RATIO	5.282	0.0008
LEV	-0.532	0.0180
SIZE	-0.128	0.0880
ROA	-2.23	0.0090
F 统计量	4.437	
拟合优度	0.504	

由表 6.14 可知，应计项目盈余管理（DA）与自变量股权激励强度（INCENTIVE RATIO）的回归系数为 5.282，且 T 检验伴随概率小于 0.001，即在 1% 的显著性水平下，拒绝参数为零的原假设，即盈余管

理与股权激励之间确实存在正相关关系,假设 6.3 得到了验证。

2. 管理层权力在股权激励与盈余管理关系中调节作用的检验

以上分析证明了股权激励与盈余管理存在正相关关系,进一步需要利用模型(3)来验证管理权力是否在股权激励与盈余管理关系中起到了调节作用。模型(3)的回归结果如表 6.15 所示。

表 6.15　模型(3)的回归结果

项目	DA	
	回归系数	显著性
INCENTIVE RATIO	5.436	0.001
MPI	3.237	0.014
INCENTIVE RATIO * MPI	6.799	0.008
LEV	-0.781	0.018
SIZE	-0.277	0.013
ROA	-1.239	0.099
F 统计量	2.368	
拟合优度	0.511	

由表 6.15 可得,股权激励强度(INCENTIVE RATIO)、管理层权力(MPI)分别与应计项目盈余管理(DA)程度存在显著正相关关系,股权激励强度和管理层权力的交互项(INCENTIVERATIO * MPI)与应计项目盈余管理程度也显著正相关,且回归系数为 6.799,大于股权激励强度和管理层权力的回归系数,说明管理层权力大的公司,其出于行权或解禁的盈余管理行为更为严重,管理层权力在股权激励与盈余管理中起到了正向的调节作用,验证了假设 6.4。

6.5　本章小结

本书以股票期权行权和限制性股票解禁的 363 家上市公司及其股权

激励计划为对象，研究了上市公司针对行权和解禁考核期业绩的盈余管理行为，得出以下结论：

（1）为了达到行权业绩考核要求，经理人通过应计项目盈余管理方式对考核期业绩进行了向下的盈余管理。

（2）考核期业绩的盈余管理行为明显受到考核基期盈余管理的影响，若考核基期业绩被明显打压了，则考核期的盈余管理行为并不明显；若考核基期业绩没有被明显打压，则考核期存在明显的向上盈余操控现象。

（3）股权激励强度与盈余管理显著正相关，且管理层权力大的公司盈余管理行为更为严重，即管理层权力在股权激励与盈余管理中起到了正向的调节作用。

（4）在盈余管理方式上，上市公司主要采取应计项目盈余管理方式，通过真实活动盈余管理方式操纵业绩的行为没有得到充分的证据支持。

本书的研究结论表明，在股权激励计划实施过程中，高管倾向于通过盈余管理压低考核基期业绩，在行权与解禁的业绩考核期倾向于进行向上的盈余管理，以达到行权或解禁的业绩考核要求，而且考核基期业绩没有被明显打压的公司，其在考核期表现出更明显的向上操控行为。管理层权力在以上盈余管理行为中起到推波助澜的作用。这种盈余管理行为违背了股权激励计划的初衷，降低了股权激励的作用，损害股东利益且有损公司的长远发展。为了健康地实施股权激励、真正发挥股权激励的作用，在上述研究结论的基础上，本书提出如下政策建议：

（1）进一步完善企业会计准则体系，从制度上降低盈余管理行为发生的可能性。虽然新会计准则的颁布实施在一定程度上缩小了盈余管理的空间，但仍存在诸多漏洞，如相关概念及制度模棱两可、公司对政策法规的选择权过大、信息披露的透明度无法掌控等。

（2）进一步完善公司治理结构，降低盈余管理行为发生的可能性。完善公司治理结构有利于削弱管理层权力，使得薪酬委员会能够制订出更加合理科学的股权激励计划，在实施过程中，也使得股权激励机制能够起到吸引保留人才、提高企业绩效的作用，真正为股东创造财富。

（3）加大外部监督力度，从外部环境入手降低盈余管理行为发生的可能性。有效的监督监管制度可以为企业营造出公平、真实、高质量的外部会计环境，使高管的盈余管理行为无所遁形。加大相关执法部门的监管和处罚力度，将有效遏制上市公司高管的盈余管理行为。

第7章 激励对象视角的股权激励方式选择的机会主义行为

7.1 问题的提出

股权激励是解决现代企业因股东与经营者分离所引起的代理问题的一种薪酬机制,股东通过股权激励授予企业经营者一定数量的本企业股份,可以使经营者在一定程度上也成为企业的股东,进而减少经营者因道德风险或逆向选择做出损害股东利益的行为。主要的股权激励方式有股票期权和限制性股票,这也是我国上市公司采用的两种最主要的方式。按照我国现有规定,在股票期权方式下,公司授予激励对象在未来一定的期限内分批(年)按照约定价格(行权价)在达到等待期要求和行权业绩考核要求下可以购买一定数量公司股票的权利,除了高级管理人员(以下简称"高管"[①])按照规定其行权获得的股票需要锁定6个月之外,其余激励对象行权后的股票即可上市交易;在限制性股票方式下,公司授予激励对象按照约定价格(行权价)一次性购买所有授予的限制性股票的权利,激励对象在未来一定期限内在解禁期满、业绩

[①] 本书的"高管"是上市公司股权激励计划中的界定,包括董事、总经理、副总经理、财务总监等公司认定的高级管理人员;英文文献中类似的研究一般指"经理人"。因此文中可能会交替出现"高管"与"经理人"。

达标情况下，除了对高管有特别限制之外，其余激励对象其行权获得的股票可以分批（年）上市交易。

相对于资本市场成熟的国家，中国的股权激励起步较晚。2005年12月31日《管理办法》的颁布标志着中国上市公司有制度依据的股权激励实施的开始。截至2014年12月31日，据不完全统计，A股上市公司推出了861份股权激励方案。从股权激励方式的选择上看，主要包括股票期权、限制性股票以及股票期权和限制性股票的复合（以下有时简称"复合方式"），但随着时间的推移，股权激励方式的选择偏好发生了明显变化，详见表7.1。

表7.1 2006—2014年公告的股权激励方案不同激励方式占比/%

股权激励方式	2006	2007	2008	2009	2010	2011	2012	2013	2014	合计
股票期权	63	68	71	64	75	64	39	34	29	48
限制性股票	24	11	18	32	21	28	42	45	58	39
股票期权+限制性股票	2	0	2	5	0	3	13	20	9	9
其他	12	21	9	0	4	5	6	1	4	5
合计	100	100	100	100	100	100	100	100	100	100

说明：表中合计数若不等于100，属于计算过程中的尾差问题。

表7.1说明，2006年至2008年，股票期权运用占绝对主导地位，各年占比分别为63%、68%、71%，而限制性股票运用相对较少；从2009年到2011年，股票期权虽然仍是主要方式，但限制性股票的运用不断增多；但是在2012年至2014年期间，限制性股票逐渐成为主要的激励方式，各年占比分别为42%、45%、58%，股票期权逐渐成为次要方式，占比分别为39%、34%、29%。作者对于截至2015年10月31日的2015年公告的股权激励方案也进行了初步统计，结果是限制性股票、股票期权和复合方式分别占77%、16%、7%。由此可见，随着时间的推移，限制性股票取代股票期权作为上市公司首选激励方式的趋势进一步加强了。同时，股权激励对象也出现了从最初以高管为主逐渐

发展为越来越重视中层核心员工（包括核心技术人员、核心业务人员和中层管理人员，有时统称为"非高管"）的现象。具体情况详见表7.2。

表 7.2　2006—2014 年股权激励方案中对高管与核心员工激励比例的变化/%

激励比例指标		2006	2007	2008	2009	2010	2011	2012	2013	2014
授予数量/流通在外的总股份数		5.8	4.4	4.1	3.8	3.1	3.1	3.3	3.1	2.38
授予的激励人数/员工总人数		6.2	4.7	11.0	8.6	11.0	12.1	12.8	10.7	8.1
按授予期权（或股票）数量计算	授予高管的数量/总授予数量	46.0	43.0	35.8	33.2	22.0	20.9	21.4	23.5	22.2
	授予核心员工的数量/总授予数量	49.0	52.1	58.4	64.1	72.7	74.0	73.4	70.4	71.6
	预留的数量/总授予数量	5.0	4.9	5.8	2.7	5.3	5.1	5.2	6.1	6.2
按授予人数计算	授予高管人数/授予总人数	33.5	18.0	21.1	14.7	9.2	6.7	8.7	9.6	9.7
	授予核心员工人数/授予总人数	66.5	74.4	78.9	85.0	90.8	93.3	91.3	90.4	90.3

注：授予数量指授予激励对象的股票期权和（或）限制性股票的数量。

表7.2说明，在授予股票期权（或限制性股票）数量（以下简称"授予数量"）比例逐年下降情况下，授予人数比例反而呈上升趋势；不论是授予数量比例还是授予人数比例，高管都是呈下降趋势而核心员工呈上升趋势。也就是说，我国上市公司股权激励对象的重心呈现出由高管向核心员工转移的趋势。

股票期权和限制性股票在基本特点和操作方式上存在明显不同（李曜，2009），决定了两种激励方式各自的适用范围和产生的激励效果有所差异（赵祥功，2011）。那么影响上市公司在两种股权激励方式间做出选择的主要影响因素是什么？该问题目前国内只有徐宁的研究有所涉及。徐宁（2012）以我国2006—2009年推出股权激励计划的上市公司为样本，研究发现在2006—2007年国有企业以获利空间为导向偏好选择限制性股票；而2008—2009年高成长性公司偏好选择股票期权，符合企业自身发展的要求。徐宁认为以上研究结论说明上市公司股权激励方式选择偏好发生了从不理性到理性的变化。但是该研究存在一定局限性：首先，随着2009年创业板开板，从2010年开始推出股权激励计划的高成长性公司越来越多，但选择股票期权的公司数量先增后降，这是否表明公司在选择股权激励方式时又变得不理性了呢？其次，徐宁（2012）的研究只关注了公司层面的因素对股权激励方式选择的影响，而忽略了激励对象层面的影响因素。近几年来，上市公司实施股权激励的对象不仅包括企业的高管，还包括越来越多的核心员工，激励对象层面的因素对股权激励方式的选择是否会产生影响？这是之前学者未曾关注过的问题。因此，本书根据表7.1展现出的上市公司激励方式选择偏好的变化特点，将我国股权激励实践划分为2006—2008年、2009—2011年、2012—2013年三个阶段，分阶段着重研究激励对象的变化对股权激励方式选择的影响。

  2000年以后美国公司的股权激励也出现了由股票期权向限制性股票转移的趋势。Aboody和Kasznik（2008）认为在高管薪酬中限制性股票的使用超过股票期权的过程中，个人所得税起到了关键作用，因为授予的限制性股票是股利保护型的，因此经理人有兴趣提高股利支付率而更多地选择了限制性股票方式。Irving等（2011）研究发现，在2001—2005年S&P 500企业的年平均授予权益价值中，股票期权呈快速下降趋势，限制性股票呈缓慢上升趋势，在2004年下半年，限制性股票已经超过股票期权，但之后发展比较平稳。

  自《管理办法》实施后，中国上市公司的股权激励经历了从不规范到逐渐规范的发展过程，股权激励为解决我国上市公司的委托代理问题起到了一定的积极作用（吕长江等，2009），正在逐渐成为企业吸引和保留人才的一个重要薪酬激励机制（肖淑芳和付威，2016）。但是在股权激励实施过程中，也不乏存在一些机会主义行为，如上市公司在激励方案中设置过于宽松的行权条件（吴育辉和吴世农，2010；吕长江等，2011），上市公司通过提高送转股水平来降低行权价（肖淑芳等，2012），经理人通过盈余管理方式对行权业绩考核基期的业绩水平进行打压（肖淑芳等，2013）等，使得股权激励作用的发挥受到影响，甚至沦为高管谋取私利的工具。那么在股权激励方式选择上是否也存在机会主义行为呢？本书从激励对象的视角研究其对股权激励方式选择的影响，为进一步规范股权激励实施过程中薪酬与考核委员会（以下简称"薪酬委员会"）[①] 的行为、更好地发挥股权激励的作用提供经验证据。

7.2 两种方式的基本特点与适用激励对象分析

股票期权是指上市公司授予激励对象在未来一定期限内以预先确定的价格和条件购买本公司一定数量股票的权利，激励对象有权行使这种权利，也有权放弃这种权利，是一种看涨期权，但这种期权不能用于转让、质押或者偿还债务。限制性股票是指上市公司按照预先确定的条件授予激励对象一定数量的本公司股票，理论上可以有偿也可以无偿获取，激励对象只有在符合股权激励计划规定条件的情况下，才可以出售限制性股票并从中获益。

股票期权和限制性股票在激励标的物、行权价、行权时间、分红权、会计核算、税收、风险承担机制、权利与义务的对称性、激励与惩罚的对称性等方面（李曜，2009）各有不同特点。上述特点可以分为两大类，第一类是作为激励机制本身的基本特点，包括激励标的物、风险承担机制、权利与义务的对称性、激励与惩罚的对称性；第二类是指除了上述基本特点之外的特点，这些特点随着不同国家或资本市场处于不同发展阶段、相关的制度环境不同会有不同，包括行权价、行权时间、分红权、会计核算、税收等。

其中第一类特点中的激励标的物的不同将股权激励方式区分为股票

---

① 《管理办法》第二十八条规定：上市公司董事会下设的薪酬与考核委员会负责拟定股权激励计划草案。因此，本书所指的机会主义行为主体应该是"薪酬委员会"，但考虑到行文的方便，文中有时也将"上市公司"（有时又简称"公司"）作为机会主义行为主体，因为"薪酬委员会"是代表"上市公司"制订股权激励等薪酬计划的。

期权和限制性股票。进一步，风险承担机制、权利与义务的对称性、激励与惩罚的对称性是两种不同股权激励方式最本质的区别（Bryan et al, 2000）。股票期权的持有人享有在将来决定是否购买股票的权利但不承担必须购买的义务，当受益人放弃购买时则不会产生现实的资金损失；而限制性股票的持有人一旦接受这种激励方式就必须购买股票，相应地也就承担了股票贬值的损失。因此股票期权是一种权利和义务不对称、不具有惩罚性的激励方式，而限制性股票是权利和义务对称、存在一定惩罚性的激励方式。相对于限制性股票，股票期权权利与义务的不对称性、激励与惩罚的不对称性决定了其凸性更强，更有利于激励对象承担风险（Murphy, 2003；Coles, 2006；Low, 2009）。

两种激励方式在基本特点上的差异决定了其适用于不同类别的激励对象（陈卓勇和吴晓波, 2000；李曜, 2009）。对于公司的发展来说，经理人如何甄选合适的投资机会至关重要。在股东和经理人之间存在代理问题的前提下，经理人的投资行为可能会表现出投资过度或投资不足（Myers and Majluf, 1984）。投资过度主要体现在经理人有时会投资净现值为负但能给自己带来私人收益的项目，但在通常情况下如果投资项目失败经理人可能会丧失一部分个人收益乃至经理人职位，因而大多数情况下经理人的投资行为表现为投资不足（Jenson, 1986）。针对投资不足的问题，企业可以通过设计基于绩效的薪酬契约来加以解决（Dochow and Sloan, 1991）。在限制性股票方式下，经理人出资购买股票后要满足持有年限要求和业绩考核要求后才能将股票出售，在此期间一旦所采取的投资项目失败而造成公司股价下跌，经理人就会因此遭受损失，因而限制性股票方式不利于经理人做出风险较大的投资决策。但在股票期权方式下，经理人在选择投资项目时就不会有此顾虑，因为即便股价下跌经理人也可以选择不行权而规避自身的损失；但是一旦投资项目获得成功，公司股价上升，经理人就可以选择行权并从中获得巨大激励收益。因此，授予经理人股票期权可以产生更高的杠杆激励作用，有利于经理人采取高风险投资决策（Dodonova and Khoroshilov, 2006）。

美国等西方国家的研究表明对经理人授予股票期权要优于限制性

股票。Feltham 和 Wu（2001）认为经理人的行为会影响股东对经理人的报酬组合偏好的选择。若经理人的行为对企业的经营风险影响很小（从激励效率角度），股东则倾向于授予经理人股权，否则选择授予经理人期权。适合股权激励的行业如传统制造业和零售行业；适合期权激励的行业如成长性的行业（如高新技术企业等），这些行业的经理人注重研发投资。Williams 和 Rao（2006）利用并购企业的样本研究发现，股票收益的波动与 CEO 股票期权的风险激励效应正相关，但该关系受企业规模影响，小规模企业上述关系更强一些。Kadan 和 Swinkels（2008）研究发现，只有当企业存在潜在的生存风险时（如处于财务困境的企业或者初创企业），股权激励优于期权激励；除此之外，期权激励优于股权激励。Irving 等（2011）研究发现，市场对于股票期权的授予的估值是正面的，而对于限制性股票的估值是负面的。这与限制性股票缺乏如股票期权所具有的正面激励作用是相一致的，其被认为是企业的一种"责任"或者"费用"。Wu（2011）开发了一个委托代理模型用于分析信息被操纵情况下的经理人权益性薪酬的优化问题，他发现在信息被操纵的情况下，最优的经理人薪酬组合应该是股票期权而不是限制性股票。Helena 和 Martin（2014）研究发现，当企业希望最大化寿命期限内的报酬业绩敏感性时，对于理性风险厌恶的经理人，应该授予行权期限最多 3 年的普通股票期权（即不带有业绩考核），认为对于经理人激励来说股票期权优于限制性股票。Devers（2008）和 Lim（2015）等研究发现，与股票期权不同，CEO 持有的限制性股票的价值与战略风险负相关，CEO 薪酬组合中限制性股票的价值加剧了 CEO 的风险厌恶程度，限制性股票在一定程度上呈现出与股权类似的特点，即意味着 CEO 一旦接受限制性股票就赋予其当时的价值并想方设法通过降低投资风险来保持其价值。

国内学者的研究结论也基本支持上述观点，即当激励对象主要为高管时，企业应当选择股票期权激励方式（刘浩和孙铮，2009）。刘玉等（2013）以中国 A 股上市公司 2006—2009 年的数据为例，利用股票期权的 Vega（期权价格对于标的资产价格波动率的敏感程度）分析了未来股价波动对公司高管人员股票期权收益的影响，结果表明股票期权激励与公司的投资风险、经营风险存在显著的双向正相关关系；股价的波动性将增加高管人员股票期权的收益，减轻管理者对风险的厌恶感，从而增加公司的投资风险与经营风险。刘广和和马悦（2013）以 2006—2011 年公布实施股权激励方案的上市公司为样本，研究发现股票期权的激励效果略好于限制性股票。叶陈刚等（2015）以 2006—2012 年实施股权激励方案的上市公司为样本，研究发现限制性股票的风险规避效应显著强于股票期权，股票期权的激励效应显著强于限制性股票；相对于限制性股票，股票期权更能激励高管承担研发支出的风险。

随着股权激励对象的不断扩大，对中层核心员工股权激励的目的也得到了广泛的关注。学者们主要是从激励、吸引、保留人才等角度进行了研究（Core and Guay, 2001；Lazear, 2003；Ittner et al, 2003；Oyer, 2004；Oyer et al, 2005；肖淑芳和付威, 2016）。公司通过股权激励使员工的个人收益与公司的股价紧密联系在一起，从而激励员工努力工作，提升公司价值。股权激励是一种长期薪酬激励方式，需要设置等待期，任何希望实现股权激励收益的员工都必须在等待期内留在企业，否则其所持有的股票期权或限制性股票将会被收回，因而股权激励具有吸引和保留人才的作用。对于高成长性的公司来说，股权激励最主要的目的是吸引、保留人才（Ittner et al, 2003；Oyer et al, 2005）。核心员工对于提高公司的创新能力、扩大公司的市场份额以及提高公司管理水平发挥着重要作用，吸引、保留公司的核心员工是公司实施股权激励的主要目的之一（Chang et al, 2013）。Stoughton 和 Wong（2009）认为当激烈的竞争导致专业人才成为问题的关键时，限制性股票优于股票期权。正如上文所述，激励对象在出资购买限制性股票后，需要在达到持有年限和业绩考核指标要求后才能出售股票。因此，相对于股票期权，限制性股票具有更好的保留人才的效果，更适用于激励中层核心员工。

7.3 中国制度环境下两种方式的比较

从制度规定和资本市场环境所决定的两种激励方式的不同特点分析，对于中国上市公司来说，限制性股票对激励对象而言更有利，主要原因有以下几点：

（1）从行权价看，限制性股票的行权成本更低。根据《管理办法》的规定，股票期权的行权价格不得低于以下两者中的较高者：股权激励计划草案公布前一个交易日公司标的股票收盘价与股权激励计划草案公告前30个交易日公司标的股票平均收盘价；根据2008年证监会颁布的《备忘录1号》规定，限制性股票的授予价格不得低于定价基准日前20个交易日公司股票均价的50%。按照上述规定，在授予数量相同的情况下，激励对象为获得限制性股票所付出的成本应该低于股票期权。高佳贝和肖淑芳（2015）研究了股票期权和限制性股票的行权成本。根据草案中规定的未来不同时期可行权比例，将未来各期单位股票期权行权价折算成现值，就得到了单位股票期权的行权成本；单位限制性股票的行权成本就是授予价格（也称为"行权价"）。利用2011—2015年77家实施股票期权和限制性股票两种方式复合的样本数据，对单位股票期权和单位限制性股票的行权成本进行了估算，结果如表7.3所示。表7.3的数据说明，平均来讲单位限制性股票行权成本相当于单位股票期权行权成本的80%。

表7.3 标准化后的单位股票期权与限制性股票行权成本比较

单位行权成本	极小值	极大值	均值	均值标准误	标准差
股票期权/元	0.635 4	5.142 3	2.412 7	0.082 6	0.724 7
限制性股票/元	0.000 0	3.496 2	1.918 1	0.066 9	0.587 0

（2）从个人所得税缴纳角度来看，限制性股票更便于避税。根据中国财政部、国家税务总局对股权激励个人所得税的制度规定，股票期

权方式下,要求激励对象在行权时纳税,应纳税所得额取决于行权日的股票市价与行权价之差,由于往往是在未来几年的时间里分期行权,因此若想通过影响行权日的股票市价来降低应纳税所得额就需要分期考虑,涉及多个时点;限制性股票方式下,要求激励对象在所持股票分期解禁时纳税,应纳税所得额是解禁日股票市价与登记日(即限制性股票的行权日)股票市价的均值与行权价的差额,其中,解禁日是授予日后的一年、二年、三年等年份的同一日期,如授予日为2012年6月18日,则解禁日一般为2013、2014、2015等年份的6月18日,即解禁日是相对固定的,若想通过影响股价来降低应纳税所得额,只需关注登记日(即行权日)股价即可,时点单一集中。

(3)从股利分配角度看,限制性股票是具有股利保护性的激励方式。股票期权授予后,在行权前激励对象所持有的股票期权不享有股利分配的权力;而限制性股票授予后,激励对象会在较短时期内(一般在一个月内)一次性购买所有的限制性股票(即行权),激励对象行权后持有的限制性股票享有股利分配权力。

(4)从将来股价走低的风险来看,限制性股票遭受损失的风险更小。假定公司股票价格在实施股权激励计划后第三年走低,若公司采用的是股票期权方式,则激励对象已经出资购买(即行权)的股票也只能承担股价下跌带来的损失;若公司采用的是限制性股票的激励方式,由于授予价格一般仅为基准日股票市价的一半,因此除非后来股价下跌至基准日市价的50%以下,否则激励对象并不会遭受实际的损失。

考虑到中国制度环境下两种方式相比,限制性股票对激励对象而言更有利,上市公司在选择股权激励方式时有可能倾向于授予高管限制性股票而授予核心员工股票期权。为了证明这一点,我们分析了2013—2014年采用"复合方式"的所有方案,共51份。其中17份方案(占比33%)授予高管与核心员工的股票期权和限制性股票数量占总授予数量的比例是相同的,如2013年用友网络(600588)的方案,授予高管、核心员工和预留的股票期权数量占授予股票期权总数的比例与授予高管、核心员工和预留的限制性股票数量占授予限制性股票总数的比例相同，均分别为 5.9%、84.2% 和 9.9%。而其余的 34 份方案（占比 67%）对于高管授予了更多的限制性股票，对于核心员工授予了更多的股票期权，如益生股份（002458）2014 年的方案，高管与核心员工获授股票期权的比例分别为 15% 和 85%，他们获授限制性股票的比例却分别为 43% 和 57%；更有甚者，34 份方案中有 9 份方案高管获授股票期权为 0，即只授予高管限制性股票，如 2014 年恒宝股份（002104）的方案，高管与核心员工获授股票期权的比例分别为 0% 和 100%，而他们获授限制性股票的比例分别为 55% 和 36%，其余为预留。

7.4 股权激励方式选择存在机会主义行为的理论分析与研究假设

最优契约理论强调薪酬契约的有效性和市场机制的合理性，认为股东能够控制董事会，使其按照股东价值最大化原则设计管理层的薪酬，即有效的薪酬契约可以解决股东与经理人之间的代理问题。但现实中存在大量不符合最优契约理论的现象引发了学术界的关注，以 Bebchuk 为代表的学者提出了管理层权力理论（Bebchuk et al, 2002; Lambert et al, 1993）。该理论认为代理问题不仅存在于股东与经理人之间，也存在于经理人与董事会之间。经理人权力很可能凌驾于董事会之上，从而影响董事会下设的薪酬委员会，使其成为经理人租金攫取行为的权力机构。这种管理层权力使得董事会并不是按照股东利益最大化的原则制订经理人的薪酬契约，其制订的契约及实施效果也就不符合最优契约理论。

股权激励是薪酬契约的一种形式，有经验证据表明在股权激励方案的制订与实施过程中也存在管理层权力问题。Collins 等（2009）研究发现，股权激励中存在"回溯授权日"现象的公司 CEO 拥有更大的管理层权力，其薪酬委员会独立性也更差。Brown 和 Lee（2010）发现在控制了影响股权激励授予的经济因素后，治理结构越差的公司越倾向于授予 CEO 股票期权和限制性股票，而这种股权激励与公司治理之间的负相关关系并不能证明是一种替代关系，因此证明了管理层权力理论。Bebchuk 等（2010）发现，对于高管的幸运期权授予（在当月股价最低时的授予）是一种择机行为，目的是使授予对象的收益最大化，而且这种择机行为与独立董事不占绝大多数、薪酬委员会中没有外部大股东、CEO 任职时间长等因素有关，从而证明了管理层权力理论。赵青华和黄登仕（2011）发现股权激励有助于公司业绩的提高，但是管理层权力会影响股权激励对公司业绩提高的积极作用。孙健和卢闯（2012）研究发现高管权力能够保证高管人员的自利性行为，高管权力越大则股权激励强度越大。王烨等（2012）发现在公司内部治理机制弱化的背景下，管理层权力越大，股权激励计划中所设定的行权价就相对越低，即管理层可能会利用其对公司的控制权影响股权激励方案的制订，使其与己有利。龚永洪和何凡（2013）发现管理层权力增大会显著提高股权薪酬水平并加大股权薪酬差距，管理层权力和股权薪酬差距在提升股权激励绩效水平的同时显著地加大了企业绩效的波动性。

根据以上对股票期权和限制性股票所具有的基本特点的分析，以及国内外已有的经验证据，当激励对象主要为经理人等高管时，公司应该倾向于选择股票期权激励方式，目的是激励经理人勇于承担风险，解决企业投资不足问题；当激励对象主要为非高管类的核心员工时，公司应该倾向于选择限制性股票激励方式，目的是吸引和保留人才。但在中国的制度环境下，从行权成本、个人所得税缴纳、股利分配和资本市场的股价走势等方面来讲，相对于股票期权而言，限制性股票对激励对象而言更有利。因此，出于高管自身利益的考虑，薪酬委员会有可能没有从利于公司发展角度来选择适合激励对象的股权激励方式，在股权激励方式选择上存在机会主义行为，而这种机会主义行为可能与管理层权力有关。

基于以上分析，本书提出如下假设：

假设 7.1：在股权激励方式选择的问题上，上市公司存在机会主义行为，也就是说，当激励对象主要为经理人等高管时，公司可能并没有选择与之相适合的股票期权，而是选择了限制性股票。

假设 7.2：管理层权力越大，上市公司在股权激励方式选择时的机会主义行为越明显。

7.5 研究设计

7.5.1 样本与数据

本书选择我国 A 股上市公司自 2006 年 1 月 1 日到 2014 年 12 月 31 日公告的股权激励计划草案作为研究对象，初步统计共有 721 家上市公司公布了 861 份股权激励方案。根据研究需要，本书对样本进行了如下筛选：

（1）剔除了 2 份金融行业上市公司的方案。

（2）剔除了 11 份数据资料严重缺失、无法进行统计分析的方案。

（3）剔除了 117 份采用复合方式、股票增值权等其他方式的激励方案①。

经过以上筛选，本书最终得到有效股权激励方案共 731 份，选择股票期权方式、限制性股票方式的方案分别为 404 份、327 份。按照方案公布的时间将这些方案分别归属为 2006—2008 年、2009—2011 年、2012—2014 年三个阶段，各个阶段包含的方案分别为 105 份、211 份、

---

① 本书剔除股票期权和限制性股票复合方式的方案的原因如下：首先，对相关数据初步分析的结果显示，选择复合方式的公司与选择限制性股票方式的公司，在本书实证分析所选择的自变量与控制变量上均不存在显著差异，但与选择股票期权方式公司的自变量和控制变量上差异比较明显，这表明复合方式在某种程度上是类似于限制性股票的一种激励方式；其次，复合方式的激励方案实际上可以拆分成一份股票期权方案和一份限制性股票方案，因此在研究股权激励方式选择时应该是重点区分股票期权和限制性股票两种方式，而不应该将复合方式看成与股票期权和限制性股票并列的第三种方式；最后，即使可以将一个复合方式的方案拆分为股票期权和限制性股票两种方案，两种方案包括的激励对象数据是不同的，但相对应的公司特征、公司治理等控制变量的数据是相同的，出于实证研究对数据的要求，也不应将复合方式进行拆分。

415 份。本书所用的股权激励方案有关数据来自巨潮资讯网的公司公告，经过手工搜集整理而得；所用的公司特征和公司治理等数据均来自国泰安数据库。

7.5.2 变量及其定义

（1）因变量。本书的因变量是股权激励方式，用 IM 来表示。当公司选择的激励方式为股票期权时，IM 取值为 1；当公司选择的激励方式为限制性股票时，IM 取值为 0。

（2）自变量。本书的自变量为激励对象重心。激励对象重心是指激励对象主要是高管还是核心员工，它可以从不同角度来衡量。例如，以被激励的高管和核心员工人数为依据，计算两类激励对象的人数分别占激励总人数的比例；以标的物数量（股票期权或限制性股票）为依据，计算两类激励对象各自获授的激励标的物数量占激励标的物总数量的比例。考虑到上述各指标之间存在较强的相关性，本书先采用以人数为依据计算的指标，即高管人数占比（MP）来表征激励对象重心；以标的物数量为依据计算的指标，即高管获授标的物数量占比（MQP）将在稳健性检验中使用。高管人数占比的计算方法是用被激励的高管人数除以激励对象总人数，该指标值越大说明激励对象重心越倾向于高管，该指标越小说明激励对象重心越倾向于中层核心员工。

（3）控制变量。在进行假设 7.1 的检验时，为了控制其他因素对激励方式选择的影响，本书引入公司特征、公司治理等因素作为控制变量，具体包括所属行业、企业规模、成长性、盈利状况、实际控制人类型、股权集中度、领导权结构和高管现金薪酬。在进行假设 7.2 的检验时，根据吕长江和赵宇恒（2008）、Essen 等（2015）对管理层权力的相关研究，本书使用领导权结构、董事会规模、股权集中度来表征管理层权力。一般而言，总经理和董事长两职合一、董事会规模大（超过 9 人）、股权结构分散（第一大股东持股比例低）的公司，管理层权力较大。

本书的因变量、自变量、控制变量的名称、符号以及变量的计量方法详见表7.4。

表7.4 变量及其计量方法

变量	变量名称	符号	变量计量
因变量	股权激励方式	IM	为股票期权时，取值为1；为限制性股票时，取值为0
自变量	高管人数占比	MP	激励对象中高管人数/激励对象总人数
控制变量	所属行业	HR	高新技术企业取值为1；非高新技术企业取值为0①
	企业规模	SIZE	草案公告前一年年末总资产的自然对数
	成长性	GROWTH	草案公告当年及前两年的托宾q平均值
	盈利状况	ROE	草案公告当年及前两年扣除非经常性损益后的平均权益报酬率
	实际控制人类型	OW	国有控股企业取值为1；非国有控股企业取值为0
	股权集中度	H_1	草案公告前一年年末第一大股东持股比例
	领导权结构	MANDIR	总经理和董事长两职合一取值为1；两职分离取值为0
	高管现金薪酬	CASH	高管前三名现金薪酬总额的自然对数
其他变量	董事会规模	DN	董事会的董事人数
	管理层权力	POWER	DN、H_1、MANDIR 赋值得分之和≥2，则为高；<2，则为低

7.5.3 方法和模型

本书将运用二元逻辑回归的方法对假设7.1和假设7.2进行验证，所建立的二元逻辑回归模型如下：

$$IM = \beta_0 + \beta_1 MP + \beta_2 HR + \beta_3 SIZE + \beta_4 GROWTH + \\ \beta_5 ROE + \beta_6 OW + \beta_7 H_1 + \beta_8 MANDIR + \beta_9 CASH + \varepsilon \quad (7.1)$$

将其改写成二分类逻辑回归的形式如下：

---

① 高新技术企业的划分是根据2008年颁布的《高新技术企业认定管理办法》的规定，将电子信息技术、生物与新医药技术、航空航天技术、新材料技术、高技术服务业、新能源及节能技术、资源与环境技术、高新技术改造传统产业8个领域界定为高新技术领域。

$$\ln\frac{P(\text{IM}=1)}{P(\text{IM}=0)} = \beta_0 + \beta_1\text{MP} + \beta_2\text{HR} + \beta_3\text{SIZE} + \beta_4\text{GROWTH} + \beta_5\text{ROE} +$$
$$\beta_6\text{OW} + \beta_7 H_1 + \beta_8\text{MANDIR} + \beta_9\text{CASH} + \varepsilon$$

(7.2)

7.6 实证结果及其分析

7.6.1 不同股权激励方式下变量的差异性分析

为了比较选择股票期权的公司和选择限制性股票的公司在高管人数占比和其他控制变量指标上是否存在差异,本书首先分阶段对两种激励方式下的自变量和控制变量的差异进行了描述性统计分析,结果详见表7.5。

表7.5 股票期权和限制性股票激励方式下的自变量和控制变量的差异分析

阶段	变量	股票期权方式			限制性股票方式			均值差异检验	M-W U 检验
		平均数	中位数	标准差	平均数	中位数	标准差		
2006—2008年	MP	0.28	0.12	0.32	0.22	0.08	0.33	0.71	-1.59
	HR	0.33	0.00	0.47	0.17	0.00	0.38	1.58	-1.37
	SIZE	9.38	9.32	0.45	9.41	9.23	0.56	-0.19	-0.24
	GROWTH	1.56	1.38	0.73	1.56	1.55	0.36	0.01	-1.20
	ROE	0.12	0.11	0.08	0.11	0.10	0.06	0.15	-0.05
	OW	0.35	0.00	0.48	0.28	0.00	0.46	0.60	-0.60
	H_1	0.34	0.30	0.15	0.36	0.37	0.13	-0.55	-0.84
	MANDIR	0.21	0.00	0.41	0.22	0.00	0.43	-0.13	-0.13
	CASH	5.94	5.99	0.71	6.16	6.26	0.29	-1.30	-2.22*

续表

阶段	变量	股票期权方式			限制性股票方式			均值差异检验	M-W U 检验
		平均数	中位数	标准差	平均数	中位数	标准差		
2009—2011年	MP	0.07	0.04	0.10	0.12	0.06	0.20	-2.01**	-2.60**
	HR	0.44	0.00	0.50	0.47	0.00	0.50	-0.38	-0.39
	SIZE	9.36	9.21	0.52	9.28	9.26	0.36	1.01	-0.20
	GROWTH	1.99	1.65	1.11	2.08	1.71	1.60	-0.44	-0.08
	ROE	0.11	0.10	0.10	0.10	0.09	0.05	1.11	-1.02
	OW	0.11	0.00	0.32	0.11	0.00	0.31	0.15	-0.15
	H_1	0.34	0.31	0.14	0.33	0.30	0.14	0.68	-0.79
	MANDIR	0.42	0.00	0.50	0.42	0.00	0.50	-0.05	-0.05
	CASH	6.14	6.15	0.30	6.09	6.08	0.26	1.28	-1.17
2012—2014年	MP	0.07	0.01	0.10	0.12	0.12	0.19	-2.98***	-2.50**
	HR	0.44	0.00	0.50	0.51	1.00	0.12	-0.99	-0.99
	SIZE	9.45	9.37	0.52	9.36	9.30	0.41	1.98**	-1.23
	GROWTH	2.26	1.65	1.70	1.21	1.71	1.47	0.31	-0.10
	ROE	0.10	0.10	0.06	0.09	0.09	0.05	1.11	-1.21
	OW	0.17	0.00	0.37	0.09	0.00	0.29	2.34**	-2.33**
	H_1	0.37	0.38	0.14	0.34	0.31	0.16	2.17**	-2.18**
	MANDIR	0.35	0.00	0.48	0.41	0.00	0.49	-0.26	-1.20
	CASH	6.20	6.19	0.30	6.16	6.14	0.27	0.92	-0.97

注：*** 代表在1%的水平上显著，** 代表在5%的水平上显著，* 代表在10%的水平上显著。

从表7.5可以看出，2006—2008年，两种激励方式下的自变量和控制变量因素均没有显著差异，即不同激励方式下主要激励对象是高管还是中层核心员工是趋于一致的。2009—2011年，两种激励方式下高管人数占比差异比较明显，股票期权激励方式下的高管人数占比平均值为0.07，而限制性股票该指标值为0.12，说明相对于股票期权，限制性股票的激励对象中包含更大比例的高管。2012—2014年，两种激励方式在高管人数占比、企业规模、实际控制人类型、第一大股东持股比例三个因素上均存在明显差异，相对于选择股票期权的公司，选择限制性股票方式的公司中高管人数占比高、企业规模小、第一大股东持股比例低且多为非国有控股。

因变量（股权激励方式）的描述性统计结果如表7.6所示。

表7.6 因变量（股权激励方式）的描述性统计结果

阶段	方案数量	股票期权方案数量	限制性股票方案数量	平均值	标准差	中位数
2006—2008年	105	84	21	0.80	0.40	1
2009—2011年	211	152	59	0.72	0.45	1
2012—2013年	415	168	247	0.40	0.49	0

表7.6说明，2006—2008年IM均值为0.80，即上市公司股权激励方式主要是股票期权，接下来两个阶段，IM由0.72下降为0.40，限制性股票逐渐成为主要的股权激励方式，这也进一步印证了本书表7.1的结论。

7.6.2 激励对象对激励方式选择影响

由于相关性分析的结果显示各控制变量之间存在较为明显的相关性，本书进行了多重共线性诊断，模型存在一定程度的多重共线性问题，因此在进行二元逻辑回归时，本书采取了Wald法对最初模型逐步迭代，得到分阶段的逻辑回归模型，结果如表7.7所示。

表7.7 分阶段二元逻辑回归结果

阶段	模型参数	预期符号	模型1		模型2	
			B	Wald	B	Wald
2006—2008年	常数		1.82***	36.92		
	−2对数似然值					
	伪决定系数					
	伪决定系数：Nagelkerke拟合优度					
	卡方					
	预测准确率（O-P）					

续表

阶段	模型参数	预期符号	模型1		模型2	
			B	Wald	B	Wald
2009—2011年	常数		1.240***	41.60		
	高管人数占比	-	-2.75**	5.37		
	-2对数似然值		234.730			
	伪决定系数		0.030			
	伪决定系数：Nagelkerke拟合优度		0.044			
	卡方		6.330			
	预测准确率（O-P）		73.8%			
2012—2014年	常数		-0.270*	3.46	-0.730	0.17
	是否国有	+	1.08**	5.79	1.230	0.47***
	高管人数占比	-			-2.48	1.14**
	-2对数似然值		297.530		290.830	
	伪决定系数		0.028		0.057	
	伪决定系数：Nagelkerke拟合优度		0.038		0.077	
	卡方		6.277		12.986	
	预测准确率（O-P）		58.2%		57.7%	

注：***代表在1%的水平上显著，**代表在5%的水平上显著，*代表在10%的水平上显著。

回归分析结果显示，在2006—2008年，自变量（即高管人数占比）和其余各控制变量并未进入最终模型，这说明在第一阶段，激励对象重心并不影响股权激励方式的选择。在2009—2011年，高管人数占比的系数显著为负，说明在该阶段，当激励对象中高管人数占比越大时，公司越有可能选择限制性股票的激励方式，即激励对象重心显著影响了股权激励方式的选择。在2012—2014年，最终进入模型的是高管人数占比和企业是否国有两个变量，且高管人数占比的系数仍然为负，并在

5%的水平上显著，这说明在第三阶段，激励重心依旧显著影响股权激励方式的选择；此外，是否国有的回归系数为正，表明国有公司更倾向于选择股票期权的激励方式。后两个阶段回归模型的预测准确率（O-P）依次为73.8%和58.2%，表明该模型整体上具备较强的解释力。二元逻辑回归结果支持假设7.1，即自2009年以来，激励对象中高管所占比重越大，上市公司越不倾向于选择更适合高管的股票期权，而是倾向于选择限制性股票，这表明在股权激励方式选择的问题上，公司存在机会主义行为。

为了研究管理层权力对于股权激励方式选择的机会主义行为的影响，本书运用赋值法将样本区分为高管理层权力组和低管理层权力组，使用是否两职合一、第一大股东持股比例和董事会人数三个变量表征管理层权力，其赋值方法如下：若某公司两职合一则记1分，否则记0分；若第一大股东持股比例低于全样本平均值则记1分，否则记0分；若董事会人数高于全样本平均值则记1分，否则记0分。三个变量得分合计为2分或3分，则该公司被归为高管理层权力组；合计得分为1分或0分，则被归为低管理层权力组。两组的差异对比如表7.8所示。

表7.8　高、低管理层权力组的三个表征变量均值差异的 T 检验结果

变量	组别	平均值	标准差	均值 T 检验	均值差异	显著性
是否两职合一	高管理层权力组	0.48	0.50	7.99	0.31	0.000
	低管理层权力组	0.17	0.38	8.22		
第一大股东持股比例	高管理层权力组	0.27	0.11	-16.24	-0.16	0.003
	低管理层权力组	0.44	0.13	-16.02		
董事会人数	高管理层权力组	9.27	1.56	7.96	1.17	0.000
	低管理层权力组	8.10	1.86	7.81		

表7.8说明，三个表征管理层权力的指标在高、低管理层权力组之间均存在显著差异。接下来分别对高管理层权力组和低管理层权力组的

数据进行分阶段逻辑回归分析,检验股权激励方式的选择和激励对象重心之间的关系在两组之间有无差异。回归结果如表7.9所示。

表7.9 高、低管理层权力组分阶段二元逻辑回归结果

阶段	组别	回归常数	高管所占比例	模型的预测准确率	拟合优度	-2对数似然值/显著性
2006—2008年	高管理层权力组	1.93	—	—	—	—
	低管理层权力组	1.28	—	—	—	—
2009—2011年	高管理层权力组	1.57	-2.83***	71.7%	0.087	137.36/0.006
	低管理层权力组	1.08	—	—	—	—
2012—2014年	高管理层权力组	0.23	-2.49**	62.4%	0.068	153.61/0.013
	低管理层权力组	-0.07	—	—	—	—

回归结果表明,在2006—2008年,不论是高管理层权力组还是低管理层权力组,激励方式选择均与激励对象重心不存在显著相关关系;在2009—2011年和2012—2014年两个阶段,高管理层权力组激励方式选择明显受激励对象重心的影响,激励对象中高管所占比例越大,公司越倾向于选择限制性股票。这一现象在低管理层权力组并不显著。该结果证实了假设7.2,即管理层权力越大,公司在股权激励方式选择时的机会主义行为越严重。

7.6.3 稳健型检验

前文的分析中选取了高管人数占比作为模型的解释变量,为了检验上述结论的稳健性,本书使用高管获授标的物数量比例(MQP)替代高管人数占比(MP)作为激励重心的表征变量来检验上述模型的稳健性。高管获授标的物数量比例的计算方法是用高管获授的激励标的物数量除以激励计划授予标的物的总数量,该指标值越大代表激励重心越倾向于高管,该指标值越小代表激励重心越倾向于中层核心员工。将该指

标带入模型，回归分析结果与高管人数占比回归结果一致。在2009—2011年和2012—2014年两个阶段，高管获授标的物数量占比对激励方式的影响方向依然显著为负。稳健型检验结果说明，上市公司选择股权激励方式时确实受到激励对象因素的影响，当激励对象中高管所占比例越大时，上市公司越倾向于选择限制性股票的激励方式。

7.7 本章小结

股权激励的对象可以是公司经理人等高管也可以是核心员工，甚至是普通员工。但是不同激励方式的基本特点有所不同。相对于限制性股票，股票期权具有更强凸性的基本特点（即权利与义务的不对称性、激励与惩罚的不对称性）决定其更有利于经理人承担风险。因此，股票期权更适合经理人等高管。但是本研究发现中国上市公司在选择股权激励方式时，并没有充分考虑股票期权和限制性股票基本特点不同和经理人等高管和核心员工两类不同激励对象的激励目标不同，而是可能出于行权成本、个人所得税缴纳、股价走势、股利分配等与股权激励收益直接相关的原因，对于经理人等高管的激励更倾向于选择限制性股票，对于核心员工的激励更倾向于选择股票期权，在选择股权激励方式上存在机会主义行为，而这种机会主义行为与管理层权力有关，这势必会影响股权激励作用的发挥，如影响经理人进行风险较高的研发投资决策，导致企业研发投资不足。已有证据表明，相对于限制性股票，股票期权更有利于经理人做出研发投资决策，如公司资源状况良好时，高管的股票期权对研发投入的积极影响更为显著（Wu and Tu，2007）；股票期权对研发投入的激励有效性优于限制性股票（Sheikh，2012）；权益薪酬尤其是股票期权使得高管偏好风险性活动，他们更有可能选择自主创新的研发投资战略（Xue，2007）。由于从本书的数据分析来看，限制性股票成为主要的方式是在2012年之后，考虑到激励后果的研究需要方案实施后若干年的数据，尤其是风险较高的研发投资的效果，因此本书并没有进一步对激励方式选择上存在的机会主义行为后果进行分析，这也是我们以后需要继续关注的。

基于以上结论，本书的建议是：要真正发挥股权激励作为一种长期的、权益性薪酬激励机制的作用，上市公司应当结合激励对象的特点，理性选择恰当的股权激励方式；同时，上市公司需进一步完善治理结构，强化董事会对管理层的监督和制约职能，防止管理层权力过大影响最优薪酬契约的设定；再有，股权激励的相关制度也需要进一步完善，如在对不同股权激励方式的行权价的规定、个人所得税制度等方面。

第8章 股权激励公司的媒体监督的公司治理作用

8.1 问题的提出

随着公司治理内外部环境的不断完善和资本市场的逐步成熟,媒体监督对公司治理的影响作用越来越重要,例如,蓝田、科龙、银广夏和安然等重大财务造假事件被揭开的过程中,媒体都起到了关键性的作用。自2006年1月1日证监会颁布实施了《管理办法》之后,到2011年6月为止已经公告了400多个股权激励方案,相当一部分方案已经付诸实施。股权激励已经成为我国上市公司对管理层进行长期激励的重要方式。由于股权激励的实施涉及广大股东的利益,因此公告股权激励计划会引起广大股东和社会公众的关注。社会公众的关注点也正是媒体的聚焦点,特别是管理层滥用职权实施有损股东利益的股权激励方案的行为。例如,一些媒体报道认为某些上市公司的股权激励方案设置了偏低的行权条件以便管理层能够轻松地获得股权激励收益,达不到真正的激励效果,不能提升企业业绩,反而有损股东利益。那么,这些股权激励方面的负面报道能不能督促企业对自身的股权激励方案进行相应修订,完善自身的激励管理机制,起到一定的公司治理作用呢?本书希望能够通过对上述问题的回答,进一步丰富媒体监督的公司治理作用领域的研究。

8.2 媒体监督的公司治理作用的理论分析与研究假设

国内外学者对媒体是否能够督促公司改正违规行为、完善治理机制进行了一定的研究。Fama 和 Jensen（1983）的研究表明，考虑到未来薪酬和职业发展前景，经理人往往十分重视自身的声誉，由于负面报道会伤及经理人的声誉，因而他们通常会采取积极措施应对负面报道。Craven 和 Marston（1997）从公司投资者关系管理角度来看，认为媒体是投资者关系管理的重要客体，在投资者关系管理中发挥双重作用：其一，作为公司信息披露的载体，媒体向资本市场传递相关信息；其二，媒体对公司的行为进行有效的外部监督。Dyck 和 Zingales（2004）研究表明，媒体能有效降低控制权的私人收益。Miller（2006）的研究表明，媒体在揭示会计丑闻的过程中起了关键性作用。Joe 等（2009）发现，被媒体曝光的董事会效率低下的公司通常会采取积极措施来提高董事会效率。周新军（2003）通过案例采用规范研究法发现，媒体监督能够提高公司治理水平，并就如何保证媒体监督作用的有效发挥提出政策建议。严晓宁（2008）采用规范研究法，分析媒体在上市公司治理中所扮演的角色和功能，认为媒体具有降低信息不对称程度及监管、协调等功能。李培功和沈艺峰（2010）分析发现，随着媒体曝光新闻数量的增加，上市公司改正违规行为的概率也随之提高，证实了我国媒体报道具有一定的公司治理作用，而该治理作用的发挥是通过引起相关行政机构的介入实现的。李建标等（2010）构建了一个媒体监督与公司治理的理论模型，认为媒体公司治理功能主要通过声誉和市场等传导机制间接地起作用，其力度和方向受到媒体的客观性、公司的公共关系努力以及共同社会规范的价值取向等一系列因素的影响。Pistor 等（2005）从法律视角出发，研究发现中国对中小投资者的法律保护不够完善，靠诉讼警示约束管理者缺乏效度，不能尽早或及时发现并解决管理者可能损害公司利益的行为。贺建刚等（2008）通过对五粮液公司2003年之后的关联交易和现金股利的追踪分析，发现法律处罚对企业管理者的威胁不大主要是因为管理者很多有损股东权益的行为并不明显违反法律规定。章六红（2011）同样基于法律的研究视角分析了公司治理中媒体发挥的重要作用，认为公司治理需要媒体监督的参与，其原因在于媒体可以填补其他治理机制存在的诸多不足。

基于利益相关者理论，公司治理是一个多方力量共同博弈的过程，除了股东、客户和供应商等第一层次的利益相关者外，媒体和其他能够影响公司的人属于第二层次的利益相关者。媒体能够行使监督管理的职能，这种监督是一种非正式的外部监督机制，可以增加公司透明度，提升外部投资者和政府对企业的认知度，更好地督促管理者提高公司运营效率，避免或改正有损股东和公司利益的行为。而这种监督作用的实现主要通过声誉机制达成。Fama（1980）认为，一旦高管从事损害股东利益的机会主义活动，就会面临被起诉或公司倒闭等风险，在行业内的地位也会下降，这不仅会影响个人尊严，而且会降低自身竞争力。Dyck等（2008）研究表明，媒体不仅影响管理层的声誉，直接对管理层施加压力，督促他们改善治理机制；同时也对政府等监管者的声誉进行影响，使得监管政策制度有所调整，间接提升公司治理水平。Liebman和Milhaupt（2007）的经验证据表明，证交所的公开批评通过声誉机制显著影响了公司治理水平，促使高管及时改正违规行为。股权激励通过将管理层利益和公司未来发展结合促使管理层能够更好地为提升公司价值和维护股东利益服务。但在股权激励方案设计以及实施过程中，某些高管会通过设计较低的行权业绩考核标准和较低的行权价，或者通过盈余管理、会计造假、操纵信息披露等手段使激励对象轻松获取股权激励收益，这严重损害了公司和广大股东的利益。媒体对这些现象的揭露，很大程度上会影响管理层和公司的声誉，因此会促使管理层纠正行为，完善股权激励方案，以期恢复声誉，在这个过程中媒体起到了公司治理的作用。据此，本书提出以下假设：

其他条件一定时，负面媒体关注度越高，被报道公司越倾向于修订股权激励方案，以回应媒体质疑。

8.3 样本选择与变量定义

8.3.1 样本选择

本书选择《管理办法》颁布后 2006 年 1 月 1 日至 2011 年 6 月 30 日宣告股权激励方案的深圳、上海上市公司作为样本公司，然后根据以下标准进行筛选：

（1）剔除期间曾经或正在被 ST（经营连续两年亏损，特别处理）的公司。因为它们涨跌幅限制不同于正常股票，会影响其股价波动，且在其他方面也与正常公司有所不同，故受到了更加严厉的监管。

（2）考虑到媒体报道的检索方式，剔除股票名称容易引起歧义的公司，据此剔除了农产品（000061）和星期六（002291）两家。

（3）剔除终止股权激励计划的公司。这些公司之所以终止股权激励计划主要是因为市价低于行权价，其股权激励计划失去了激励作用。

（4）考虑到新闻时效性，公告日后短期内的股权激励负面新闻对 1 年之后公司修订股权激励方案的行为影响较小，所以将公告日和修订日间隔超过 1 年的样本公司剔除。

经过以上筛选，我们得到 203 个样本公司，其中修订股权激励方案的公司有 123 个，未修订的有 80 个。公告日与修订日间隔期间报道数分布如表 8.1 所示。

从表 8.1 可以看出，修订日与公告日间隔时间越长，搜集到的负面媒体报道越多，但样本公司数越少。考虑到分析结果的可靠性，为保证样本公司保留率达到 85% 以上，搜集尽可能多的负面媒体报道，本书采用公告日与修订日的间隔在 3 个月以上的公司作为观察样本，样本公司保留率可达 85.37%，获得的负面新闻数量达 2 554 条。据此，再剔除公告日与修订日在 3 个月以内的样本公司,最终获得样本公司 185 个,其中修订股权激励方案的样本公司 105 个,未修订的样本公司仍然是 80 个。稳健性检验中还会采用公告日与修订日的间隔在 2 个月和 1 个月以上的公司作为观察样本。

表 8.1　修订股权激励方案公司的负面报道和时间分布

公告日与修订日间隔月份	4 个月	3 个月	2 个月	1 个月	0 个月
大于或等于该间隔月份后修订方案公司数	81	105	116	122	123
占修订方案公司总数的百分比/%	65.85	85.37	94.31	99.19	100.00
公告日与修订日间隔月份期间负面报道数	2 667	2 554	2 435	1 860	165

8.3.2　变量选择与定义

1. 媒体关注度

媒体关注度采用股权激励媒体报道数量进行度量,包括重复报道的数量。因为重复报道的新闻虽然不包含新信息,但仍然可以吸引投资者注意,这是国内外学者表征媒体关注度的常用方法。例如,饶育蕾等 (2010) 用互联网上与上市公司相关的网络新闻数量来构建媒体注意力指标;Fang 和 Peress (2009) 利用权威报纸上的相关文章数量来衡量媒体关注度。负面媒体关注度用负面媒体报道数量的自然对数表示,这是借鉴了 Nguyen Dang (2003) 利用谷歌搜索引擎检索关键词,然后采用内容分析法对报道内容进行分析,构建正面媒体曝光指数的做法。本书通过手工检索样本公司股权激励公告后 3 个月内关于股权激励的全部负面报道,对报道内容进行分析,将全部负面新闻分为以下三类:一是行权价和行权业绩考核标准偏低,使得激励对象比较容易达到行权条件并以较低的成本拥有股权;二是激励高管人数比例过大,而激励技术骨干数量过少或授予其股份过少等有关激励对象方面的负面报道;三是股权激励计划违反了相关规章制度。这些负面新闻都可能会导致企业进行股权激励方案的修订。

2. 媒体关注效果

对于媒体的公司治理作用，本书选择公司对媒体报道的反应程度进行度量，即媒体关注效果。参考 Dyck 等（2008）的做法，若公司对媒体曝光反应积极，则本书特指公司遭到媒体曝光后，采取修订股权激励方案的更正措施为反应积极，赋值 1；若公司对媒体曝光无动于衷，则本书特指没有因此修订股权激励方案，赋值 0。

本书研究所需的股权激励媒体报道来源是百度新闻①。据百度新闻官网统计，其新闻来源目前已经涵盖了 1 000 多个综合和地方新闻网站以及报纸杂志广播电视媒体网站，而且没有收录企业自身网站的信息。因此，利用百度新闻搜索引擎获取媒体报道数据具有一定的可操作性、完整性和客观性。

3. 控制变量

除媒体负面报道外，其他因素也会影响企业修订股权激励方案。例如，大型上市公司自身内部治理水平较高，所以其制订的股权激励初始方案较为完备，需要修订的可能性较小。据此，本书使用总资产平均账面价值的对数来控制这一因素，并预测它的回归系数符号为负。此外，我们还控制了机构投资者的持股比例。Joe 等（2009）指出，机构投资者"用脚投票"的成本很高。通过媒体曝光向上市公司施加压力，机构投资者能够实现完善公司治理的目的（Gillan，2006；Kahan and Rock，2006）。"用脚投票"的成本越大，其自身的公司监管就越严格，所以机构投资者持股比例越大的公司制订的股权激励方案就越完备，需要修订的概率也就越小。因此，本书使用机构投资者持股比例作为控制变量，并预测它的回归系数符号为负。由于本书研究的是股权激励媒体报道，所以还需要引入股权激励特征变量进行控制，包括激励比例和激励总人数。激励比例和股权激励总人数数据从上市公司股权激励公告中手工收集得到；公司性质、总资产和机构投资者持股比例等财务数据来自 WIND 数据库。

---

① http：//news.baidu.com/。

上述所有变量定义和说明如表 8.2 所示。

表 8.2 变量定义和说明

变量类型	变量符号	变量说明
被解释变量	Media-affection	媒体关注效果，修订股权激励方案赋值 1，没有修订赋值 0
解释变量	$\ln(\text{NNEWS}_{i,3})$	负面媒体关注度，公告后 3 个月内负面新闻数量的自然对数
公司基本特征变量	Ins-ownership	机构投资者的持股比例
	SIZE	公司规模，总资产自然对数或年收入自然对数
	NATIO	公司性质，国有上市公司取 1，否则取 0
股权激励特征变量	PROPORTION	激励比例，股权激励份额占总股份数比例
	PERSON	激励人数，股权激励总人数的自然对数

8.4 实证分析结果

8.4.1 负面媒体报道数量的统计分析

利用百度新闻搜索引擎检索到的有关股权激励新闻总数量共 50 560 条，其中负面新闻数量共 2 966 条，占 5.87%，剩余的新闻报道基本上为不附加评论只陈述事实的中性新闻报道。表 8.3 为股权激励方案公告日后 3 个月内负面媒体报道数量的统计结果。

表 8.3 负面媒体报道数量统计结果

项目	公司数量	负面报道数量	平均每家公司负面报道数量	报道总数量	平均每家公司报道数量
修订公司	105.00	2 554	24.32	26 252.00	250.02
未修订公司	80.00	412	5.15	24 308.00	303.85
修订/未修订之比	1.31	6.20	4.72	1.08	0.82
合计	185.00	2 966	16.19	50 560.00	273.30

从表 8.3 可以看到，修订股权激励方案的公司多于未修订的公司；修订股权激励方案的公司在公告日后 3 个月内的平均每家公司的负面新闻数量远远多于未修订公司的负面新闻数量，前者约为后者的 4.72 倍，而其平均每月新闻总数量仅为后者的 0.82 倍。也就是说，尽管两者的新闻总数量相差不大，但是修订股权激励方案的公司的负面新闻数量远远大于未修订的公司。

为了进一步验证修订和未修订股权激励方案的公司的负面媒体关注度是否存在显著差异，本书对修订和未修订股权激励方案的公司的负面媒体关注度进行两个独立样本差异性检验，结果如表 8.4 所示。

表 8.4　差异性检验结果

检验方法	Z 统计量	显著性
两独立样本非参数检验：曼 – 惠特尼秩和检验	-4.852	0.000
正太分布检验：柯尔莫哥洛夫 – 斯米尔诺夫检验	2.314	0.000

差异性检验结果表明，修订股权激励方案公司和未修订公司的负面媒体关注度具有显著差异，初步证实了修订股权激励方案公司的负面媒体关注度显著高于未修订公司的负面媒体关注度。

8.4.2　媒体报道与公司治理的逻辑回归分析

本章采用逐步向后法的逻辑回归对媒体监督的公司治理作用进行检验，回归结果如表 8.5 所示。

表 8.5　媒体报道与公司治理的逻辑回归结果

媒体关度效果	步骤 1	步骤 2	步骤 3	步骤 4	步骤 5
NATIO	-0.564 (1.377)	-0.564 (1.417)	-0.564 (1.436)		
SIZE	-0.425* (3.009)	-0.448* (3.441)	-0.245 (2.424)	-0.299** (4.098)	-0.281* (3.583)
PROPORTION	4.306 (0.653)				

续表

媒体关度效果	步骤1	步骤2	步骤3	步骤4	步骤5
$\ln(\text{NNEWS}_{i,3})$	0.557*** (22.379)	0.557*** (22.444)	0.553*** (22.263)	0.551*** (22.459)	0.563*** (23.6)
PERSON	0.21* (2.714)	0.216* (2.875)	0.198 (2.48)	0.199* (2.896)	
Ins-ownership	-2.535** (4.591)	-2.379** (4.223)	-2.403** (4.277)	-2.777** (6.074)	-3.085*** (7.787)
$\text{SIZE}_{\text{income}}$	0.204 (1.001)	0.228 (1.275)			
常数	4.135 (1.419)	4.251 (1.595)	4.682 (1.998)	5.809* (3.445)	6.247** (3.954)
卡方	51.789	50.84	49.535	48.081	45.527
预测准确率/%	70.80	70.80	71.40	73.00	68.60
拟合优度	0.328	0.322	0.315	0.307	0.293

注：*、**、***分别表示在0.10、0.05、0.01的置信水平上显著。

从表8.5可以看出，步骤4的预测准确率为73%，是预测准确率最高的模型。步骤4中的所有自变量的回归系数都具有统计上的显著性。模型说明，负面媒体关注度的回归系数为0.551，Wald值为22.459，在1%的置信水平上显著，也就是说，负面股权激励媒体报道越多的企业越倾向于修订股权激励方案，验证了本章的假设，一定程度上说明媒体报道能够对公司治理产生影响，发挥了重要的外部监督作用。激励人数的回归系数在10%的置信水平上显著，即激励人数越多，公司越倾向于修订股权激励方案。本书认为可能的原因是，股权激励人数越多，激励对象发生变动的概率就越大，所以一旦其中某个或某些激励对象离职，方案中的激励人员名单就会发生变化。公司规模和机构投资者持股比例的回归系数都显著为负，这与本书预测的结果一致。规模越大的公司或机构持股比例越高的公司，其内部治理结构更加完善，自我约束程度更高，所以制订的股权激励方案更为完善，修订的情况会更少。

8.4.3 稳健性检验

上述分析采用的是股权激励计划公告日后 3 个月内的负面新闻数量的对数表征媒体负面关注度。在稳健性检验中，我们将使用公告后 3 个月内负面新闻数量占新闻总数量比例（$NNEWS_3/NEWS_3$）、公告后 2 个月内负面新闻数量的对数 $\ln(NNEWS_{i,2})$、公告后 1 个月内负面新闻数量的对数 $\ln(NNEWS_{i,1})$ 来表征媒体负面关注度；之前的逻辑回归检验采用的是逐步向后法（Backward），稳健性检验中将采取进入（Enter）法。沿用之前 Backward 方法给出了最优拟合模型，控制变量包括公司规模、激励人数、机构投资者持股比例；自变量为负面媒体关注度。Enter 法的逻辑回归的稳健性检验结果如 8.6 所示。

表 8.6 稳健性检验结果

项目	模型 1	模型 2	模型 3
SIZE	-0.239* (2.936)	-0.249* (3.230)	-0.242* (3.274)
$NNEWS_3/NEWS_3$	12.884*** (13.936)		
$\ln(NNEWS_{i,2})$		0.520*** (19.802)	
$\ln(NNEWS_{i,1})$			0.504*** (15.080)
PERSON	0.225* (3.162)	0.271** (4.864)	0.238** (4.439)
Ins-ownership	-2.615** (5.654)	-2.139** (4.109)	-1.208 (1.543)
常数	4.572 (2.389)	4.529 (2.380)	4.533 (2.590)
预测正确率/%	71.90	70.40	66.30
拟合优度	0.274	0.271	0.217
卡方	42.311	44.022	35.25

注：*、**、*** 分别表示在 0.10、0.05、0.01 的置信水平上显著。

表 8.6 说明，无论是以公告日后 3 个月内负面新闻数量占新闻总数量的比例表征负面媒体关注度，还是以公告日后 2 个月内负面新闻数量的对数或公告日后 1 个月内负面新闻数量的对数表征负面媒体关注度，它们的回归系数都在 1% 的置信水平上显著为正。即其他条件一定，负

面媒体关注度越高的公司越倾向于修订股权激励方案,媒体监督对公司治理会产生一定影响;其他的检验结果也与之前的逻辑回归一致,这进一步证实了本章的假设。

8.5 本章小结

近年来,越来越多的企业开始实施股权激励计划。股权激励与公司业绩、公司治理以及管理者、员工和股东等各利益相关者都有紧密联系,所以上市公司公布股权激励计划会引起社会大众的广泛关注,社会大众的兴趣点是媒体关注的聚焦点,媒体对于股权激励的报道越来越多,讨论也越发热烈。理论界围绕媒体报道是否能够对企业进行有力监督展开了激烈的讨论,但结果呈现出一定差异。本书控制可能存在的内生性问题,首次采用股权激励方面的媒体报道作为衡量媒体关注度的指标,研究媒体报道是否在完善公司治理水平、保护投资者权益方面具有积极作用。

媒体报道主要通过外部监督职能对上市公司价值和治理机制产生影响。在前人研究的基础之上,本书选取了《管理办法》颁布到2011年6月公告股权激励计划的上市公司为样本,利用百度新闻搜索引擎全面搜集样本公司关于股权激励方面的媒体报道和负面媒体报道,运用逻辑回归法分析媒体报道的公司治理作用。

研究结果表明,公司的负面股权激励新闻越多,越倾向于修订股权激励方案,回应媒体的质疑,弥补媒体曝光的股权激励方案中的缺陷。这说明媒体报道对上市公司有一定的监督职能,在完善公司治理水平、保护投资者利益等方面发挥了一定的积极作用。

本书可能的贡献在于,提供了基于中国上市公司数据的媒体报道公司治理作用的经验证据;丰富了媒体行使外部监督职能进而影响公司治理机制领域的研究;提供了完善公司治理机制方面应该充分发挥媒体监督作用的理论依据。

第9章　股权激励公司的媒体关注度对公司价值的影响

9.1　媒体关注度对公司价值的影响的理论分析与研究假设

媒体报道对公司股价的影响研究中，Dyck 和 Zingales（2003）的研究发现，媒体对会计盈余的报道显著影响了市场的盈利预测，他们认为媒体影响了知情交易者的数量，增加了信息的可信度，最终影响投资者的决策。Meschke（2004）的研究发现，CEO 被访谈的公司股价显著上升了1.65%，并且采访当天的股票交易量也显著上升，即媒体对 CEO 的访谈报道点燃了投资者的投资热情，造成了显著的买入压力。然而，Fang 和 Peress（2009）研究发现，未被媒体报道的上市公司，其股票收入比那些被高度报道的公司更高，这种媒体效应所带来的异常收益率经多因素风险调整后仍然显著。饶育蕾和王攀（2010）研究认为，媒体关注度通过影响投资者情绪，对新股短期累计超额收益产生正影响，而对长期累计超额收益产生负影响，并且媒体关注度高的新股，其发行价格也相对较高。郑涛（2010）研究了特定事件汶川大地震后关于公司捐赠的媒体报道和公司股票累计超额收益之间的关系，结果发现，捐赠报道越多的公司，其股票累计超额收益也越高。Bang（2011）研究发现，CEO 曝光度显著正向影响公司价值和 CEO 榨取租金的能力。

现有研究基本从两种思路展开：一种思路是，若投资者是理性的，那么媒体通过影响信息分布和共同知识降低公众的信息成本，同时显著提高信息可信度，改变投资者的信息结构，影响其投资决策行为，促使上市公司市值发生变化；另一种思路是，若投资者是有限理性的，那么媒体通过吸引投资者注意力来影响投资者情绪，进而影响上市公司市值。本书认为，媒体使信息更加迅速、广泛地传播开来，降低了公众获取信息的交易费用，促使公众能够获得及时、全面的信息，这既可以改变投资者的信息结构，也可以吸引投资者注意力，促使投资者改变其决策行为，进而影响上市公司的市值。因为投资者是有限理性的，正如 Mullainathan 和 Shleifer（2005）研究发现，投资者喜欢与自己信念一致的信息，而不愿看到自己厌恶的信息，无论这些信息正确与否，即使报道不完整或者已经公开过，投资者也会依赖这部分公众信息进行决策。Huberman 和 Regev（2005）发现，在纽约时报发表的关于某药物治愈癌症的报道虽然早已公开过，但在二次报道之后，公司的股价仍然上升。

2005 年 12 月 31 日证监会颁布并实施的《管理办法》是第一部规范股权激励的法规。公司实施股权激励的主要目的是解决股东与经理人之间的委托代理矛盾、吸引优秀的管理和技术人才、优化公司治理结构等。自《管理办法》实施至 2011 年年中，公告了 400 多个股权激励方案，引起了媒体和公众的极大关注。从股权激励设计初衷来看，实施股权激励对股东是有利的。关于公司实施股权激励的报道不仅坚定了目前股东的信心，而且能够吸引潜在的投资者。因此，本书拟采用实施股权激励的样本公司来研究媒体关注度对股票累计异常超额收益的影响。据此，本书提出假设 9.1：

假设 9.1：其他条件一定，公司的媒体关注度越高，其股票累计超额收益越高。

前人研究还发现，通过媒体报道，公司会为投资者所熟悉，信息透明度和知名度均提高，能够接受公众的监督，具有良好的信用度，经营状况变得可信，从而更具有投资价值。Merton（1987）认为，很多还不是股东的投资者，利用报纸和其他主流公众媒体关于某个公司的报道来对该公司进行评价和判断，从而成为其股东，为该公司提供经营所需的资金，提升其价值。Bang（2011）选择媒体对公司 CEO 的报道作为衡量媒体关注度的指标，构建了 CEO 曝光指数和正面曝光指数，研究媒体对公司价值的影响，结果发现，无论是 CEO 曝光指数还是 CEO 正面曝光指数，都与公司的托宾 q 值呈显著正相关关系。据此，本书提出假设 9.2：

假设 9.2：其他条件一定，公司的媒体关注度越高，其价值越大。

9.2 样本的选择与变量定义

9.2.1 样本公司的选择

本书选择 2005 年 12 月 31 日《管理办法》颁布后至 2011 年 6 月 30 日期间宣告股权激励方案的深圳、上海上市公司作为样本，并根据以下标准进行筛选：

（1）剔除在此期间曾经或正被 ST（经营连续两年亏损，特别处理）的公司，因为他们涨跌幅限制不同于正常股票，会影响其股价波动。

（2）考虑到媒体报道的检索方式，剔除股票名称容易引起歧义的公司，据此剔除了农产品（000061）和星期六（002291）两家。

经过以上筛选，得到 281 个样本公司用于假设 9.1 媒体报道对公司股票累计超额收益影响作用的检验。验证假设 9.2 媒体报道对公司价值的影响时，由于本书采用托宾 q 值来表征公司价值，因此在 281 个样本的基础上，剔除托宾 q 值数据缺失的样本公司后，最终得到 136 个有效样本公司。

9.2.2 变量定义

1. 累计超额收益

本书应用市场收益调整模型计算公司股权激励公告后的股票累计超额收益 CAR。事件日确定为股权激励公告日。由于本书主要研究的是媒体报道对短期股票累计超额收益的影响情况，因此事件窗口确定为公告当天和公告日后第 1 天及第 2 天，即 [0, 2] 天。

2. 媒体关注度

媒体关注度采用股权激励媒体报道数量进行度量，其中包括重复报道的数量。重复报道的新闻虽然不包含新信息，但仍然可以吸引投资者注意，这是国内外学者表征媒体关注度的常用方法。例如，饶育蕾等（2010）利用网络新闻数量来构建媒体关注度指标，Fang 和 Peress（2009）利用权威报纸上的公司报道数量来衡量媒体关注度。本书研究所需的股权激励媒体报道利用了百度新闻搜索引擎，其新闻来源涵盖了 1 000 多个综合和地方新闻网站以及报纸杂志广播电视等媒体网站，而且没有收录企业自身网站的信息。因此，利用百度新闻搜索引擎获取媒体报道数据具有较高的可操作性、完整性和客观性。

3. 公司价值

前人研究中较多地运用净资产收益率、市净率、托宾 q 值和经济增加值来计量公司价值。本书采用托宾 q 值（资产的市场价值与重置价值之比）来衡量公司价值，因为这个指标被认为既兼有理论和实践的可操作性又能够使虚拟经济和实体经济相联系（Morck et al, 1988；Lang and Stulz, 1994；Yermack, 1996；Gompers, 2003；Bang, 2011）。

4. 控制变量

研究媒体报道对股票收益的影响作用时参考了 Fang 和 Peress（2009）的研究成果，引入了公司特征变量进行控制，这里的公司特征变量有被报道公司的规模和实际控制人性质等。研究媒体报道直接对公司价值的影响作用时，综合了 Morck 等（1988）、Lang 和 Stulz（1994）、Yermack（1996）等的研究结论，他们认为公司的规模和盈利能力都能影响企业价值，因此在控制变量中加入了表征公司规模和盈利能力的变量。由于本书研究的是关于股权激励的媒体报道，所以还需要引入股权激励特征变量进行控制，包括激励比例和激励人数。激励比例和激励人数的数据由作者从上市公司股权激励计划中手工收集得到；公司的股票收益率、公司价值（托宾 q 值）和其他财务数据均来自 CSMAR 数据库。变量类型、名称、符号及其定义详见表 9.1。

表 9.1　变量类型、名称、符号及其定义

变量类型	变量名称	变量符号	变量定义
被解释变量	股票累计超额收益	$CAR_{i,[0,+t]}$	事件日为股权激励公告日，事件窗口取 [0, 2]
	公司价值	Tobin's q_i	公告日后第一个季度和第二个季度托宾 q 平均值
解释变量	媒体关注度	$\ln(NEWS_{i,[0,+t]})$	第 i 个公司公告后 t 日内的媒体报道累计总量的自然对数
公司基本特征变量	机构投资者	Ins-ownership	机构投资者的持股比例
	公司规模	SIZE	总资产自然对数
	公司性质	NATIO	国有上市公司取 1，否则取 0
	盈利能力	ISR	销售利润率
股权激励特征变量	激励比例	PROPORTION	股权激励份额占总股份数比例
	激励人数	PERSON	股权激励总人数的自然对数

9.3　实证结果及其分析

9.3.1　媒体关注度与股票累计超额收益单方程回归分析

公告股权激励计划当天、之后 1 天、之后 2 天的股票累计异常超额收益，即 $CAR_{i,[0,0]}$、$CAR_{i,[0,1]}$、$CAR_{i,[0,2]}$ 的单一样本 T 检验如表 9.2 所示。

表 9.2 CAR 的单一样本 T 检验

CAR 的区间	T 值	样本数	显著性
$CAR_{i,[0,0]}$	7.896	281	0.000
$CAR_{i,[0,1]}$	8.353	281	0.000
$CAR_{i,[0,2]}$	8.167	281	0.000

从 T 检验结果可以看出，股权激励公告日后上市公司的股票累计超额收益显著为正，反映出多数投资者对上市公司实施股权激励予以正面认可，公司通过实施股权激励计划能够提高投资者对公司发展的信心。

普通最小二乘法的媒体关注度与股票累计超额收益的单方程模型回归结果如表 9.3 所示。

表 9.3 媒体关注度与股票累计超额收益的单方程模型回归结果（普通最小二乘法）

因变量	$CAR_{i,[0,0]}$	$CAR_{i,[0,1]}$	$CAR_{i,[0,2]}$
常数	0.029（0.434）	0.023（0.279）	-0.015（-0.154）
$NEWS_{[0,0]}$	0.006**（2.343）		
$NEWS_{[0,1]}$		0.013***（4.313）	
$NEWS_{[0,2]}$			0.013***（3.801）
NATIO	0.03***（3.882）	0.033***（3.406）	0.029***（2.653）
SIZE	-0.001（-0.373）	-0.002（-0.557）	0（-0.104）
PROPORTION	0.352***（2.78）	0.446***（2.835）	0.438**（2.408）
F 统计量	5.210	8.129	4.895
拟合优度	0.294	0.325	0.286
自相关检验	1.775	1.823	1.889

注：**、*** 分别表示 0.05、0.01 的置信水平上显著。

从表 9.3 的回归结果可以看出，所有模型中媒体关注度的回归系数均为正，且具有统计上的显著性。这验证了假设 9.1，即在其他条件一定情况下，股权激励方案公告日后媒体关注度越高的公司，其股票累计超额收益也越高。这说明媒体对公司实施股权激励这一事件的大力报道，提升了公司的知名度，促使更多的投资者关注实施股权激励的公司，不仅坚定了目前股东的投资信心，也吸引了一批潜在的投资者。

从表9.3还可以看到，国有上市公司，其股权激励公告日后股票累计超额收益更高。在全部281家公告股权激励的样本公司中，仅有65家是国有控股企业。为了防止国有资产流失，国家对于国有控股企业实施股权激励的控制和监管更为严格。因此，投资者有理由相信实施股权激励的国有控股企业更加具备持续稳定的发展能力，其股权激励能够发挥更大的激励效果。此外，股权激励比例越大的公司，其股票累计超额收益也越大，这更进一步说明，投资者在一定程度上是认可公司实施股权激励的，股权激励强度越大，越会被市场认可。

9.3.2 媒体关注度与公司价值单方程回归分析

虽然媒体关注度与股票累计超额收益的正向关系得到了验证，但是媒体关注度能否直接对公司价值产生影响呢？以托宾 q 值表征公司价值，表9.4列示了媒体关注度对公司价值影响作用的回归分析结果。

表9.4 媒体关注度与公司价值单方程模型回归结果（普通最小二乘法）

因变量	Tobin's q	Tobin's q	Tobin's q
常数	5.090*** (4.907)	5.221*** (5.023)	4.844*** (4.501)
$\ln(\text{NEWS}_{i,30})$	0.170*** (4.294)		
$\ln(\text{NEWS}_{i,60})$		0.170*** (4.425)	
$\ln(\text{NEWS}_{i,90})$			0.154*** (3.023)
PROPORTION	0.827 (0.921)	1.508 (0.765)	0.766 (0.376)
NATIO	0.033 (0.267)	0.001 (0.006)	-0.035 (-0.28)
SIZE	-0.180*** (-3.693)	-0.188*** (-3.833)	-0.188*** (-3.491)
ISR	1.304*** (2.936)	1.333*** (3.010)	1.044** (2.283)
样本数	136	136	136
F 统计量	6.823	7.075	4.766
拟合优度	0.208	0.214	0.394
自相关检验	1.946	1.933	1.933

注：**、***分别表示在0.05、0.01的置信水平上显著。

从表 9.4 的回归结果可以看出，无论媒体报道发布时间是股权激励方案披露 1 个月内还是 2 个月或是 3 个月内，模型中媒体关注度的回归系数均显著为正，即其他条件一定的情况下，媒体关注度与公司价值正相关，假设 9.2 得到了验证。媒体报道能够对公司实施有效的外部监督，通过广泛、迅速的信息扩散，增强信息透明度，减少信息不对称，使得投资者对上市公司有更清晰的了解；同时媒体通过报道上市公司实施股权激励方案以及对方案的解析，能够给公司带来一定的宣传效应，提升公司知名度，带来正当性资源，也使公司承受更多的社会公众和投资者监督，刺激管理者提升业绩，约束其短视行为，经营状况变得更加可信，从而提升公司的价值。

9.4 稳健性检验

9.4.1 内生性角度下的媒体关注度与股票累计超额收益联立方程回归分析

单方程模型的普通最小二乘法回归结果表明，股权激励的相关媒体报道能够对激励计划公告后股票累计超额收益产生正面影响，但是股票累计超额收益和媒体报道可能存在内生性问题，因为现实中很难区分究竟是媒体的关注影响股价波动还是股价波动引起媒体关注。为解决内生性问题，构造了以下联立方程：

$$\text{CAR}_{i,[0,+t]} = \alpha_1 \ln(\text{NEWS}_{i,[0,+t]}) + \alpha^T X_i + \varepsilon_i$$

$$\ln(\text{NEWS}_{i,[0,+t]}) = \beta_1 \text{CAR}_{i,[0,+t]} + \beta^T X_i + \zeta_i$$

向量 X_i 包含了公司和股权激励的特征变量，例如公司规模、控股股东性质和激励比例等。采用两阶段最小二乘法的上述联立方程回归结果如表 9.5 所示。

表9.5 媒体关注度与股票累计超额收益联立方程回归结果（两阶段最小二乘法）

因变量	$CAR_{i,[0,0]}$	$CAR_{i,[0,1]}$	$CAR_{i,[0,2]}$
常数	-0.008 1（-0.080）	-0.011 5（-0.132）	0.006 4（0.061）
$\ln(NEWS_{i,[0,0]})$	0.062 5*（1.802）		
$\ln(NEWS_{i,[0,1]})$		0.044 1***（2.690）	
$\ln(NEWS_{i,[0,2]})$			0.051 2***（3.009）
NATIO	0.039 7**（2.681）	0.043 8***（3.323）	0.045 5***（2.983）
SIZE	-0.008 8（-1.172）	-0.007 8（-1.360）	-0.010 4（-1.496）
PROPORTION	0.734 1**（2.310）	0.864 0***（3.023）	0.955 6***（3.043）
F 统计量	2.384	3.885	3.785
拟合优度	0.019	0.04	0.038
因变量	$\ln(NEWS_{i,[0,0]})$	$\ln(NEWS_{i,[0,1]})$	$\ln(NEWS_{i,[0,2]})$
常数	0.129 0（0.079）	0.260 0（0.131）	-0.125 0（-0.062）
$CAR_{i,[0,0]}$	16.009 7*（1.802）		
$CAR_{i,[0,1]}$		22.679 4***（2.690）	
$CAR_{i,[0,2]}$			19.523 1***（3.009）
NATIO	-0.635 1**（-1.989）	-0.992 7***（-3.051）	-0.887 8***（-3.077）
SIZE	0.140 1*（1.856）	0.177 8*（1.902）	0.202 4**（2.116）
PROPORTION	-11.753 4***（-2.694）	-19.594***（-4.208）	-18.656 8***（-4.207）
F 统计量	3.598	7.618	9.032
拟合优度	0.036	0.086	0.103

注：*、**、***分别表示在0.10、0.05、0.01的置信水平上显著。

从表9.5可以看出，媒体关注度和股票累计超额收益彼此正向影响，即股票累计超额收益越高的公司拥有更多的媒体关注度，媒体关注度越多的公司具有更高的股票累计超额收益。另外，以媒体关注度为因变量的回归结果说明，控股股东性质、公司规模和激励比例都会对媒体关注度产生影响。具体来说，规模越大的公司拥有更多的媒体关注，因为公司规模越大，其社会公众聚焦程度也就越高，媒体报道反映社会大众的关注点和兴趣点，所以媒体会对规模大的公司给予更多的关注。据此，假设9.1通过了稳健性检验。

9.4.2 内生性角度下的媒体关注度与公司价值联立方程回归分析

不但股票累计超额收益和媒体报道存在内生性问题，现实中股权激励公司的新闻报道与其公司价值之间也可能存在内生性问题。因为媒体关注会使公司价值上升，公司价值上升也可能引起媒体的关注。为克服内生性的影响，构造了以下联立方程：

$$\text{Tobin's } q_{i,t} = \alpha_1 \ln(\text{NEWS}_i) + \alpha^T X_i + \varepsilon_i$$
$$\ln(\text{NEWS}_i) = \beta_1 \text{Tobin's } q_{i,t} + \beta^T X_i + \xi_i$$

其中，X_i包含了上市公司和股权激励的特征变量，例如公司规模、控股股东性质、盈利能力、激励比例和激励人数等。两阶段最小二乘法的媒体关注度与公司价值的联立方程回归结果如表9.6所示。

表9.6 媒体关注度与公司价值的联立方程回归结果（两阶段最小二乘法）

因变量	Tobin's q	Tobin's q	Tobin's q	$\ln(\text{NEWS}_{i,30})$	$\ln(\text{NEWS}_{i,60})$	$\ln(\text{NEWS}_{i,90})$
常数	3.612*** (3.143)	3.783*** (3.268)	6.2572*** (3.928)	-9.371*** (-3.892)	-10.592 (-4.306)	-15.6802*** (-2.863)
$\ln(\text{NEWS}_{i,30})$	0.160*** (4.112)					
$\ln(\text{NEWS}_{i,60})$		0.158*** (4.173)				
$\ln(\text{NEWS}_{i,90})$			0.3991** (2.115)			
Tobin's q				0.729*** (4.112)	0.756*** (4.173)	2.5059** (2.115)

续表

因变量	Tobin's q	Tobin's q	Tobin's q	$\ln(\text{NEWS}_{i,30})$	$\ln(\text{NEWS}_{i,60})$	$\ln(\text{NEWS}_{i,90})$
PROPORTION	2.530 (1.277)	2.146 (1.089)	0.5228 (0.234)	-6.309 (-1.495)	-3.980 (-0.923)	-1.3102 (-0.231)
NATIO	0.035 (0.286)	0.001 (0.012)	0.0191 (0.131)	-0.546** (-2.149)	-0.341 (-1.312)	-0.0478 (-0.133)
SIZE	-0.085 (-1.429)	-0.097 (-1.604)	-0.3099** (-2.857)	0.469*** (3.874)	0.547*** (4.423)	0.7765*** (4.174)
ISR	0.829 (1.763)	0.881 (1.870)	0.9272* (1.834)	-1.844 (-1.839)	-2.201** (-2.148)	-2.3236 (-1.278)
F统计量	6.146	6.249	3.328	5.717	6.129	4.044
拟合优度	0.252	0.255	0.08	0.238	0.251	0.102

注：*、**、***分别表示在0.10、0.05、0.01的置信水平上显著。

表9.6的回归结果进一步证实了媒体报道对于公司价值具有正面影响的结论，即媒体关注度和公司价值之间存在相互的正面影响关系，且具有统计上的显著性。也就是说，媒体对公司越关注，那么该公司的价值越高；同时，媒体更倾向于关注价值更高的上市公司。据此，假设9.2通过了稳健性检验。

9.5　本章小结

近年来上市公司股权激励计划的实施引起了社会大众的广泛关注，媒体对于股权激励的报道越来越多。理论界围绕媒体报道是否对资产定价有效展开了激烈的讨论，但结果呈现出一定差异。本书控制可能存在的内生性问题，采用股权激励方面的媒体报道作为衡量媒体关注度的指标，研究媒体报道是否会对资本市场股票收益产生影响，是否能够直接对公司价值产生影响。

媒体报道主要通过执行信息的制造传播职能对上市公司价值产生影

响。在前人研究的基础之上，本书选取了自《管理办法》颁布到 2011 年 6 月公告股权激励计划的上市公司为样本，利用百度新闻搜索引擎搜集样本公司股权激励的媒体报道，采用股权激励媒体报道数量表征媒体关注度，采用托宾 q 值表征公司价值，研究了媒体关注度对公司价值的影响。研究结果表明，媒体关注度越高，实施股权激励公司的股票累计超额收益和公司托宾 q 值越大，说明媒体关注能够为企业带来知名度和正当性资源，对公司价值会产生一定正向影响，即在中国资本市场，媒体报道发挥了积极的资产定价作用。主要结论如下：

（1）股权激励方案公告后，相关媒体报道越多的公司，其股票累计超额收益越大。也就是说，从股权激励这个报道题材上讲，媒体关注度对股票收益能够产生重要影响。同时研究结果还表明，激励比例越大的公司，其股票累计超额收益也越大。

（2）对于股权激励公司，媒体关注度越高，公司的托宾 q 值也越大，说明媒体报道能够提升公司价值。

以上结论说明，媒体通过执行信息的制造传播职能，可以提高公司信息的透明度，缓解信息的不对称，一定程度上消除了未来信息的不确定性，为企业带来知名度和正当性资源，使其经营状况变得可信，从而更具价值。本书可能的贡献在于提供了媒体能够对公司价值产生影响的经验证据。在我国资本市场上，应该充分发挥媒体效应，利用媒体为投资决策提供有用的信息，使投资者能够更明确地把握自己的投资方向，也使资本市场能够更好地发挥资源的配置作用。

第10章 再公告视角的股权激励保留人才效应

10.1 问题的提出

自 2005 年 12 月 31 日中国证监会颁布并实施了《管理办法》以来，先后又出台了 3 个《股权激励有关事项备忘录》等一系列进一步规范股权激励的文件，使得股权激励实施有了良好的政策环境；股权分置改革的完成也使得公司内外部治理环境得到了改善。2006 年公告股权激励的公司仅为 47 家，到 2013 年已达到 156 家，而且超过 90% 的股权激励方案的授予对象包括董事、高级管理人员、中层管理人员、核心技术人员、核心业务人员等，股权激励的运用越来越广泛，已然成为一种越来越普遍的薪酬方式之一。与一般的现金薪酬相比，股权激励是一种长期薪酬激励方式，需要设置等待期，任何希望实现股权激励收益的激励对象都必须在等待期内留在企业。因此，当股票期权等股权激励方式属于价内期权时，它就如一副"金手铐"（Mehran and Yermack, 1999）将员工锁定，从而实现吸引保留人才、降低离职率的目的。"吸引优秀管理人员、技术人员、业务骨干等"是股权激励的主要目的之一，而且随着股权激励的对象逐渐由高管向核心员工转移，该目的显得越发重要。然而，自从 2008 年的金融危机以来，国内外经济形势和证券市场发生了巨大变化,中国股市出现很大波动,许多公司的股票市价下挫,低于股票期权行权价(对于限制性股票来说,就是其授予价格),使得股票期权成了"水下期权",限制性股票也失去了应有的价值。在这种情况下,股权激励方案本身不再具有任何意义,更不用说发挥吸引保留人才的作用了。因此为了保留人才,部分公司撤销了原有的激励方案,再公告新的股权激励方案,调整了行权价。

在21世纪,市场的竞争日益加剧,企业的成功越来越依赖于其核心竞争力。企业的核心竞争力主要表现为知识和技能,而核心员工是企业关键知识和技能的载体,同时也是企业价值的主要创造者。然而,根据最新统计,2013年各行业的员工平均离职率达16.3%,其中生产工程类与业务销售类员工离职率最高,分别为21.7%和18.7%,中层管理人员和专业技术人员离职率都比2012年有所上升[1]。核心人才的劳动力市场竞争越来越激烈,人才的保留迫在眉睫。股权激励的目的之一是吸引和保留人才。因此,一些公司在实施一个股权激励方案的同时会选择再公告,即实施第二甚至第三个股权激励方案,以期达到吸引、保留人才的目的。

股权激励作为一种薪酬方式,对其能否起到吸引、保留人才的作用,国内外学术界的研究还不够充分,也未形成成熟的理论体系。受到美国等学者对股票期权"再定价(Reprice)"研究的启发,我们可以利用撤销原有股权激励方案再公告实施新的方案(以下简称"撤销后再公告")或者连续公告实施两个或两个以上的股权激励方案(以下简称"未撤销再公告")来研究股权激励的吸引、保留人才作用[2],类似的研究在美国被称为"再定价"研究。美国证券交易委员会对股票期权"再定价"进行了界定,即再定价包括取消原有的期权并且以不同的执行价格授予新的期权,或者重新设定期权的执行价格和到期期限。中国证监会的《管理办法》第二十五条规定:上市公司因标的股票除权、除息或其他原因需要调整行权价或股票期权数量的,可以按照股票期权

---

[1] 前程无忧人力资源调研中心《2014离职与调薪调研报告》。
[2] 文中将"撤销后再公告"与"未撤销再公告"统称为"再公告(Reannounce)"。

计划规定的原则和方式进行调整①。言外之意，除了除权、除息等导致流通在外的股票数量发生变化的原因之外，我国是不允许因为股票市价降低而直接调整行权价的，除非撤销原有方案重新公告新的方案。因此，借鉴国外的界定，同时考虑到中国的实际情况，本书将股权激励中的"再公告"界定为类似于国外的"再定价"。

国外已经有一些关于"再定价"与保留人才之间关系的研究成果。Callaghan（2003）研究发现，再定价可以延长高管的留任期；Chen（2004）发现对于限制进行"再定价"的公司，在股价下跌后会面临更高的高管离职率，尤其是除了CEO外的高管更为显著；Subramanian（2007）通过建立模型来研究高管离职率与公司"再定价"的可能性之间的关系，结果证明高管离职率越高，公司进行"再定价"的可能性越大；Daily（2002）和Chidambaran（2003）发现再定价公司CEO的离职率比较高；Carter（2004）将"再定价"对离职率的影响扩展到了公司的全体员工，而不仅局限于高层管理人员，研究发现，"再定价"对于高管的离职率不会产生影响，但是可以有效防止其他员工的离职。国内虽然有关于股权激励与高管离职问题的研究，但是目前还没有从"再公告"视角来分析股权激励保留人才效应的研究。因此，本书拟从"再公告"视角研究股权激励能否保留人才，旨在进一步丰富股权激励效应研究的学术成果，同时也能为企业如何更好地发挥股权激励保留人才的效应提供理论支持。

本研究的其他部分包括：以股权激励相关理论为基础，提出研究假说；研究设计，包括变量的定义、模型的建立以及样本的选取和数据的来源；对于提出的假设进行检验并给出结论；对全文进行总结。

---

① 该规定也同样适用于限制性股票。

10.2 股权激励的保留人才作用的理论分析与研究假设

10.2.1 撤销后"再公告"的保留人才效应分析

人力资本理论（Human Capital Theory）认为人的才能本身也是能产生投资收益的资本，从而为企业实施股权激励奠定了理论基础。1961年，美国经济学家 Schultz 在《人力资本的投资》演讲中提出人力资本的概念，并指出人的能力、知识、健康等人力资本的提高对经济的贡献远比物质资本、劳动力数量的增加重要得多。随着科技的进步和现代企业制度的发展，人力资本的地位越来越重要，特别是核心员工的人力资本。因此，只有最大限度地发挥核心员工潜在的人力资本素质，充分调动他们的积极性，企业才能更好地生存与发展。然而核心员工的价值不仅仅体现在其固定薪酬上，还体现在持股、期权上。员工的薪酬结构体系随着人力资本的日益重要也逐渐向多元化发展。股权激励给予具有极大主观能动性的人力资本相应的企业剩余索取权和剩余控制权，是对核心员工人力资本价值的承认和肯定，从而使得员工的工作满意度提高，自身效用也随之增加，理性的员工会选择留在企业，实现组织目标。

Pierce（1991）提出了心理所有权概念（Psychological Ownership）。他认为心理所有权是一种心理状态：在这种状态下，个人感觉某个目标物（物质或非物质的）或其中的一部分是属于自己的。Furby（1991）也指出心理所有权是一种占有感（The Feeling of Possession），它使得人们将占有物当作自我的延伸，从而影响人们的动机，形成态度并最终引发行为。股权激励是一种在未来相对较长的时期内将激励对象视为股东或潜在股东的薪酬机制，实施股权激励计划可以对核心员工创造一种心理所有权。员工如果对企业建立起心理所有权，就会采取有利于企业的积极行为。员工产生的心理所有权程度越高，就认为自身与组织的联系越紧密，就会提高他们对组织的自我认同感，对组织工作的责任意识越强，从而会从情感和行为上来维护组织、提升组织绩效，也更愿意留在企业。

综上所述，无论是人力资本理论还是心理所有权理论，都能够解释股权激励是一种能够吸引、保留人才的有效的薪酬机制。

归因理论（Attribution Theory）是一种重要的过程型激励理论，主要研究个人用以解释其行为原因的认知过程。归因理论侧重于研究人的行为是因为什么而产生影响的。奥地利社会心理学家 Fritz Heider（1958）在其出版的《人际关系心理学》中首次提出归因理论。美国心理学家 B. Weiner（1984）沿用了 Heider 的理论并加以完善和丰富，提出了三维度的归因模式，即控制点、稳定性和可控性。我们通过对撤销股权激励方案的原因进行分析，发现有近 70% 是由于外部市场环境变化导致股票的市价低于行权价，股权激励方案丧失了应有价值；有近 10% 是由于相关规定的出台导致方案不合规①；还有 20% 是由于股票期权行权业绩、限制性股票解禁业绩不达标或其他原因。依据归因理论，市场环境的变化和相关政策的出台均属于外部、不稳定而且不可控的因素，因此而撤销股权激励方案并不是员工自身可以左右的，若公司不及时采取措施，就可能影响员工的积极性，甚至离职。因此，归因理论告诉我们，公司在撤销原有方案后进行"再公告"对保留人才应该有积极作用。

在股权激励实施过程中，公司必须对激励对象的离职等情况进行公告，然而一旦股权激励方案被撤销，除了高管外，公司不需要随时对外披露公司员工的离职情况。因此，对于撤销后未"再公告"的样本，本书只能通过对比年报来统计激励对象中高管的离职数据，而无法获得非高管的离职数据。鉴于数据的可获得性，对于撤销后"再公告"的样本，本书只对高管的离职情况进行研究。

根据人力资本理论、心理所有权理论和归因理论，对实施股权激励

---

① 例如，《股权激励备忘录 2 号》规定，上市公司提出增发新股、资产注入、发行可转债等重大事项动议至上述事项实施完毕后 30 日内，上市公司不得提出股权激励计划草案。

中的撤销后"再公告"样本的保留人才效应，本书提出假设10.1。

假设10.1：股权激励方案撤销后"再公告"的样本与未"再公告"的样本相比，"再公告"能够降低高管的离职率。

10.2.2 未撤销"再公告"的保留人才效应分析

强化理论（Reinforcement Theory）又称操作条件反射理论，是由美国著名心理学家Skinner于20世纪70年代提出的一种行为改造型激励理论。该理论主要研究人的行为与外部因素之间的关系，认为人的行为是由外界因素来决定的，外界的强化因素可以塑造行为。因此，只要创造和改变外部因素，人的行为就会随之改变。该理论的意义在于通过改变外部因素的办法来保持和发挥那些产生愉快和积极结果的行为，减少或消除导致不愉快和消极结果的行为。根据强化的性质和目的，可把强化分为正强化和负强化。从管理角度看，正强化就是奖励组织需要的行为，进而加强这种行为；负强化就是惩罚与组织不相容的行为，进而削弱这种行为。

根据强化理论，股权激励对于员工有正强化的作用。授予员工股票期权等是对员工的一种肯定，可以充分调动员工的工作积极性，使得他们更愿意留在企业，从而达到保留人才的目的。因此，如果企业加强这种外部环境的刺激，对员工连续实施股权激励，就更能够提高员工的工作满意度，更有利于企业吸引和保留人才。

根据人力资本理论、心理所有权理论和强化理论，对实施股权激励中的未撤销"再公告"样本的保留人才效应，本书提出以下假设。

假设10.2（a）：股权激励方案未撤销"再公告"的样本与只公告一次的样本相比，"再公告"能够降低高管的离职率。

假设10.2（b）：股权激励方案未撤销"再公告"的样本与只公告一次的样本相比，"再公告"能够降低非高管的离职率。

假设10.2（c）：股权激励方案未撤销"再公告"的样本与只公告一次的样本相比，"再公告"能够降低全体激励对象的离职率。

10.3 研究设计

10.3.1 变量定义及模型建立

（1）因变量。本书研究的核心问题是激励对象的离职情况，将激励对象的离职率作为因变量。激励对象包括高管和核心员工。离职是指员工由于各种原因产生的自愿离职行为，例如辞职。根据研究的需要，本书设计了高管离职率（Executive Turnover，ETO）、非高管离职率（Non-executive Turnover，NETO）和全体激励对象离职率（Total Turnover，TTO）3个因变量。上市公司实施股权激励情况属于强制性信息披露，因此从股权激励草案公告开始，上市公司必须将股权激励实施的进展情况在指定网站上进行披露。对于激励对象离职情况的披露，一些公司会单独披露，大部分公司往往在股权激励方案的修订、授权、行权（限制性股票为解禁）等公告中进行相应的披露。因此，对于离职率的计算是从股权激励草案公告开始的，手工统计所有相关公告中公布的激励对象离职情况，以年为单位，结合每年年初激励对象总数（公告当年以最初激励对象人数为准）来计算[①]。

（2）自变量。本书研究"再公告"对于激励对象离职的影响，将公司是否进行"再公告"作为自变量，如果公司进行了"再公告"则设为1，否则设为0。

（3）控制变量。在人力资源领域的离职模型中，离职行为会受到宏观环境、组织因素、个人因素三方面影响。宏观环境对于所有企业基本都是相同且不可控的；相对于宏观环境而言，组织因素具有更强的可操控性。经典的离职模型如March-Simon（1958）模型、Price-Mueller

---

① 未撤销"再公告"样本会涉及2个甚至3个公告，因此该样本离职率是以每次公告的离职率的算术平均值衡量的。

（2000）模型说明，员工离职与否主要取决于员工的工作满意度和组织承诺度。员工的工作满意度受组织的薪酬水平、工作压力、工作参与度、工作自主权、单调性、晋升机会等多重因素的影响，而组织承诺度也因公司分配公平性、晋升机会、社会支持等因素不同而产生差异。可见，个人因素很大程度上是通过组织因素作用于员工离职的，因此组织因素是影响离职率的关键所在。同时，由于本书是以公司为单位进行"再公告"效应的研究，为了保证各变量之间的一致性，在选择离职影响因素作为控制变量时只考虑组织因素。由于企业的工作压力、晋升机会、工作自主权、社会支持等数据很难从企业的公开信息中获取，因此，本书通过其他控制变量间接控制这些影响因素。

现金薪酬水平。在我国，"对薪酬不满"依然是员工主动离职的重要原因[1]。现金薪酬水平越高的企业员工离职率往往越低。为了与因变量相匹配，对于现金薪酬水平的衡量，本书分别选择高管、非高管以及全体激励对象的平均现金薪酬（Annual Average Cash Compensation，AACC）作为表征变量。

公司业绩水平。通过以往对离职率的研究发现，不同业绩水平的公司，其员工的离职率存在差异，高管往往在公司业绩较差时选择离职。因此，论及"再公告"对离职率的影响时，要考虑公司业绩的影响。本书选择净资产收益率作为衡量公司业绩水平的表征变量。

公司规模。James 和 Soref（1981）研究表明，规模较大的公司高管离职率较高，相对于小公司来说，从大公司离职的高管就业机会更多。本书以总资产的自然对数衡量公司规模。

行业特征。人力资本对于高新技术企业发展所起的作用相对于其他行业而言更为重要。然而 2011 年的数据显示，高新技术行业的离职率在过去 3 年时间内始终位于各行业榜首[2]。因此，对于人才需求更加强烈的高新技术企业而言，股权激励理应具有更好的保留人才的效果。本书设计高新技术为哑变量，当公司为高新技术企业时取值为 1，否则取值为 0。

---

[1] 数据来源：前程无忧人力资源调研中心《2013 离职与调薪调研报告》。
[2] 数据来源：前程无忧人力资源调研中心《2011 离职与调薪调研报告》。

上述所有变量及其定义如表 10.1 所示。

表 10.1 变量及其定义

变量类型	变量名称	变量	解释说明
因变量	高管离职率	ETO	激励对象中高管离职人数/激励对象中的高管人数
	非高管离职率	NETO	激励对象中非高管离职人数/激励对象中的非高管人数
	全体激励对象离职率	TTO	全体激励对象中离职人数/全体激励对象总人数
自变量	再公告	Reannounce	公司进行了再公告取值为 1，否则取值为 0
控制变量	平均现金薪酬水平	AACC	激励对象在激励期间内的年度平均现金薪酬
	公司业绩	Perf	净利润与股东权益平均余额之比
	公司规模	Fsize	总资产的自然对数
	行业变量	H-Tec	当公司为高新技术企业时取值为 1，否则取值为 0

注：其中高管平均现金薪酬水平（EAACC）＝高管薪酬总数/高管总人数；非高管平均现金薪酬水平（NEAACC）＝（现金流量表中支付给员工的薪酬＋期末应付职工薪酬－期初应付职工薪酬－高管薪酬）/（员工总人数－高管人数）；全体激励对象平均现金薪酬水平（TAACC）＝（现金流量表中支付给员工的薪酬＋期末应付职工薪酬－期初应付职工薪酬）/员工总人数。

为了检验"再公告"对激励对象离职率的影响，本书建立模型（10.1）用于检验假设 10.1。

$$\mathrm{ETO} = \alpha_0 + \alpha_1 \mathrm{Reannounce} + \alpha_2 \mathrm{EAACC} + \alpha_3 \mathrm{Perf} + \alpha_4 \mathrm{Fsize} + \alpha_5 \mathrm{H\text{-}Tec} + \varepsilon$$

（10.1）

建立模型（10.2）用于检验假设 10.2。

$$\mathrm{TO} = \beta_0 + \beta_1 \mathrm{Reannounce} + \beta_2 \mathrm{AACC} + \beta_3 \mathrm{Perf} + \beta_4 \mathrm{Fsize} + \beta_5 \mathrm{H\text{-}Tec} + \varepsilon$$

（10.2）

式中，TO 表示离职率，具体分别为高管离职率（ETO）、非高管离职率（NETO）和全体激励对象离职率（TTO）；AACC 表示平均现金薪酬水平，具体分别为高管平均现金薪酬水平（EAACC）、非高管平均现金薪酬水平（NEAACC）、全体激励对象平均现金薪酬水平（TAACC）。

10.3.2 样本选取和数据来源

本书以《管理办法》实施的 2006 年 1 月 1 日—2013 年 12 月 31 日期间公告股权激励方案的公司中，选择撤销后"再公告"的 52 家公司作为检验假设 10.1 的观察样本，同时从撤销后未"再公告"的 118 家公司中选取了 52 家公司作为检验假设 10.1 的对照样本；选择未撤销"再公告"的 31 家公司作为检验假设 10.2 的观察样本，同时从 318 家只公告一次的公司中选择了 31 家公司作为检验假设 10.2 的对照样本。根据研究惯例，行业与规模是选取对照样本时需要控制的关键因素，但是由于终止撤销未"再公告"和只公告一次的公司数量有限，因此本书在选择对照样本时遵循的原则是同一行业。

2012 年 10 月 26 日，证监会公布了上市公司新的行业分类指引，同时 2001 年《上市公司行业分类指引》废止。为了保证对照样本选择的科学性，本书的基本原则是无论是按照旧的行业分类指引还是新的行业分类指引，对照样本与观察样本的行业代码均应该相同。如果不能同时满足上述要求，则以新行业代码相同为标准选择对照样本。按照上述原则，撤销后"再公告"样本中有 3 家没有与之匹配的对照样本，因此被删除；有 4 家公司是以新行业代码相同选择对照样本公司。在未撤销"再公告"的样本中，有 1 家公司因为没有与之匹配的公司被删除，有 3 家是以新行业代码相同选择对照样本公司。

综上所述，最终确定了撤销后"再公告"样本公司为 49 家、未撤销"再公告"样本公司为 30 家；相应有 49 家撤销后未"再公告"公司、30 家只公告一次的公司与之配对。

由于数据库中并没有对股权激励对象离职情况的统计，所以本书对于激励对象的离职数据是从巨潮资讯网上披露的股权激励相关公告和公司年报中经手工搜集获得。现金薪酬水平、公司业绩、公司规模等控制变量指标的相关数据来自国泰安数据库。所有数据处理均通过 SPSS18.0 和 Excel2007 进行。

10.4 实证结果与分析

10.4.1 撤销后"再公告"与撤销后未"再公告"相比离职率的差异分析

由于样本量的限制,在研究撤销后"再公告"样本和未"再公告"样本在高管的离职率上是否存在显著差异时,配对样本 T 检验研究"再公告"当年、第 1 年、第 2 年和第 3 年,多元回归分析只研究"再公告"当年及第 1 年。

1. 描述性统计分析

表 10.2 是撤销后"再公告"样本和未"再公告"样本高管离职率的描述性统计分析。

表 10.2 撤销后"再公告"样本和未"再公告"样本高管离职率的描述性统计分析

时间	样本	均值	N	标准差
"再公告"当年	观察样本	0.019 8	49	0.068 1
	对照样本	0.134 1	49	0.149 8
"再公告"第 1 年	观察样本	0.069 5	35	0.128 3
	对照样本	0.165 8	35	0.175 1
"再公告"第 2 年	观察样本	0.051 3	19	0.086 4
	对照样本	0.131 1	19	0.119 1
"再公告"第 3 年	观察样本	0.007 6	11	0.025 0
	对照样本	0.135 9	11	0.146 9
"再公告"第 4 年	观察样本	0.000 0	2	0.000 0
	对照样本	0.416 7	2	0.353 6

从表 10.2 可以看出,"再公告"当年,撤销后未"再公告"样本高管的平均离职率为 13.41%,标准差为 0.149 8;而撤销后"再公告"样本高管的平均离职率仅为 1.98%,标准差仅为 0.068 1。说明"再公

告"当年,"再公告"样本高管的离职率远低于未"再公告"样本。从"再公告"第1年、第2年和第3年也都可以看到类似的结果。因此,描述性统计分析表明"再公告"在一定程度上降低了高管的离职率,这种降低程度是否显著,需要进一步检验。

2. 配对样本 T 检验

表 10.3 是撤销后"再公告"样本与未"再公告"样本高管离职率的配对样本 T 检验结果。

表 10.3 撤销后"再公告"样本与未"再公告"样本高管离职率的配对样本 T 检验结果

项目	成对差分					T 值	自由度	显著性（双侧）
	均值	标准差	均值的标准差	差分的95%置信区间				
				下限	上限			
"再公告"当年	-0.114	0.143	0.021 0	-0.155	-0.073 0	-5.570	48	0.000 ***
"再公告"第1年	-0.096	0.206	0.034 5	-0.167	-0.025 0	-2.754	34	0.009 ***
"再公告"第2年	-0.079	0.142	0.032 7	-0.148	-0.011 1	-2.439	18	0.025 **
"再公告"第3年	-0.128	0.145	0.043 8	-0.226	-0.030 7	-2.929	10	0.015 **

注: ** 表示在 5% 的水平下双尾检验显著, *** 表示在 1% 的水平下双尾检验显著。

配对样本 T 检验的结果显示,在"再公告"当年、第1年、第2年和第3年,撤销后"再公告"样本的高管离职率显著低于未"再公告"样本,表明"再公告"能够有效地降低高管的离职率,可以起到吸引、保留人才的作用,即假设 10.1 通过了检验。

3. 多元回归分析

以上的配对样本 T 检验表明,再公告能够降低高管的离职率。但是,由于导致高管离职行为的因素很多,因此为了进一步验证结论的准确性，利用模型（10.1）进行回归分析。表10.4是撤销后"再公告"与未"再公告"样本高管离职率的回归结果。

表10.4 撤销后"再公告"与未"再公告"样本高管离职率的回归结果

变量	"再公告"当年				"再公告"第1年			
	系数	T	显著性	方差膨胀因子	系数	T	显著性	方差膨胀因子
常数		-1.484	0.141			-1.309	0.195	
	-0.513	-5.519	0.000***	1.132	-0.292	-2.521	0.014**	1.016
Fsize	0.222	2.227	0.028**	1.299	0.284	1.768	0.082*	1.945
Perf	-0.021	-0.217	0.829	1.275	-0.303	-2.266	0.027**	1.346
EAACC	-0.212	-2.302	0.024**	1.112	-0.099	-0.686	0.495	1.574
H-Tec	-0.194	-2.122	0.037**	1.090	-0.015	-0.124	0.902	1.147
调整后的拟合优度			0.258				0.086	
F统计量			0.000***				0.055*	

注：** 表示在5%的水平下双尾检验显著，*** 表示在1%的水平下双尾检验显著。

由回归结果可知，模型（10.1）通过了F检验，在"再公告"当年和"再公告"第1年分别在1%和10%的置信水平上显著，说明高管离职率与自变量以及控制变量之间存在线性关系，并且由调整的拟合优度可知，模型的拟合结果也较好，特别是"再公告"当年。表10.4同时给出了多重共线性检验的结果，各个变量的方差膨胀因子均小于2，不存在多重共线性，模型拟合有效。

"再公告"的符号为负，并且在"再公告"当年和第1年分别在1%和5%的水平上显著，说明"再公告"对高管离职率有负向影响，即"再公告"能够降低高管的离职率，假设10.1得到进一步验证。

关于控制变量，"再公告"当年通过显著性检验的包括公司规模、高管的平均现金薪酬水平和是否为高新技术企业；"再公告"第1年通过显著性检验的包括公司规模与公司业绩，而且回归系数的正负均与之前的预测一致。

10.4.2 未撤销"再公告"与只公告一次相比离职率的差异分析

对未撤销"再公告"样本与只公告一次样本的离职率的分析,本书是从高管、非高管以及全体激励对象3个方面展开的。同时由于样本量的限制,配对样本 T 检验研究"再公告"当年和第1年,多元回归分析只研究"再公告"当年。

1. 描述性统计分析

表 10.5 是未撤销"再公告"样本和只公告一次样本的高管离职率、非高管离职率以及全体激励对象离职率的描述性统计分析。

表 10.5 未撤销"再公告"样本和只公告一次样本的激励对象离职率的描述性统计分析

时间	样本	观察值个数(N)	高管离职率		非高管离职率		全体激励对象离职率	
			均值	标准差	均值	标准差	均值	标准差
"再公告"当年	观察样本	30	0.004 2	0.022 8	0.011 7	0.016 6	0.011 7	0.016 0
	对照样本	30	0.044 2	0.091 5	0.049 6	0.067 4	0.044 6	0.062 0
"再公告"第1年	观察样本	17	0.026 5	0.060 9	0.031 7	0.052 8	0.033 0	0.052 8
	对照样本	17	0.078 6	0.113 5	0.069 1	0.065 8	0.068 6	0.063 2

从表 10.5 可以看出,"再公告"当年和第1年,未撤销"再公告"样本高管的离职率分别为 0.42%、2.65%;而只公告一次样本高管的平均离职率远高于未撤销"再公告"样本,分别为 4.42%、7.86%。同样非高管离职率及全体激励对象离职率也有类似的结果。这说明再公告在一定程度上降低了激励对象的离职率,这种降低程度是否显著,需要进一步检验。

从表 10.5 中还可以看出,未撤销"再公告"样本在"再公告"当年和第1年非高管离职率(分别为 1.17%、3.17%)均高于高管离职率(分别为 0.42%、2.65%)。这可能是因为高管的职位会给员工带来更多的威望、声誉以及权力,从而在一定程度上降低高管离开公司寻求事业发展的动机;然而对于非高管而言,如果可以提高声望和级别,那么他们更可能会离开公司,寻求事业发展的机会。这种现象在公司普遍存在,与股权激励无关。

3. 配对样本 T 检验

未撤销"再公告"样本与只公告一次样本激励对象离职率的配对样本 T 检验结果如表10.6所示。

表10.6 未撤销"再公告"样本与只公告一次样本激励对象离职率的配对样本 T 检验

时间	高管离职率			非高管离职率			全体激励对象离职率		
	T 值	自由度	显著性（双侧）	T 值	自由度	显著性（双侧）	T 值	自由度	显著性（双侧）
"再公告"当年	-2.274	29	0.031**	-2.988	29	0.006***	-2.838	29	0.008***
"再公告"第1年	-1.939	16	0.07*	-2.238	16	0.04**	-2.192	16	0.044**

注：*表示在10%的水平下双尾检验显著，**表示在5%的水平下双尾检验显著，***表示在1%的水平下双尾检验显著。

由表10.6可知,在"再公告"当年和第1年,未撤销"再公告"样本的高管离职率、非高管离职率和全体激励对象离职率均显著低于只公告一次样本,这表明"再公告"能够有效地降低激励对象的离职率,从而起到吸引保留人才的作用,即假设10.2（a）、假设10.2（b）、假设10.2（c）通过了检验。

3. 多元回归分析

以上的配对样本 T 检验表明,相对于只公告一次而言,"再公告"能够降低激励对象的离职率。为了进一步验证结论的准确性,利用模型（10.2）进行回归分析。表10.7是未撤销"再公告"样本与只公告一次样本在高管离职率、非高管离职率和全体激励对象离职率3个方面回归分析的结果。

表 10.7 未撤销"再公告"样本与只公告一次样本激励对象离职率的回归结果

变量	高管离职率				非高管离职率				全体激励对象离职率			
	系数	T值	显著性	方差膨胀因子	系数	T值	显著性	方差膨胀因子	系数	T值	显著性	方差膨胀因子
常数	-0.42	-0.43	0.67			-0.10	0.92			-0.06	0.96	
拟合优度	-3.04	-3.04	0.004***	1.22	-0.38	-2.73	0.009***	1.27	-0.35	-2.49	0.016**	1.27
Fsize	0.08	0.56	0.58	1.21	0.04	0.33	0.74	1.13	0.04	0.29	0.77	1.13
Perf	0.04	0.33	0.74	1.11	0.18	1.37	0.18	1.10	0.18	1.37	0.18	1.10
AACC	0.17	1.22	0.23	1.24	-0.09	-0.61	0.54	1.26	-0.12	-0.86	0.39	1.26
H-Tec	-0.12	-0.94	0.35	1.08	0.07	0.52	0.61	1.18	0.10	0.76	0.45	1.18
调整后的拟合优度			0.09				0.09				0.08	
F统计量			0.068*				0.069*				0.082*	

注: *表示在10%的水平下双尾检验显著, **表示在5%的水平下双尾检验显著, ***表示在1%的水平下双尾检验显著。

由回归结果可知，模型（10.2）通过了方程显著性检验，说明激励对象的离职率与自变量以及控制变量之间存在线性关系，由调整后的拟合优度可知，模型的拟合结果也较好，表中各个变量的方差膨胀因子均小于2，各变量之间不存在多重共线性。

未撤销"再公告"样本的回归系数显著为负，说明"再公告"能够有效地降低激励对象的离职率，从而起到吸引、保留人才的作用。假设10.2（a）、假设10.2（b）以及假设10.3（c）得到进一步验证。

对于控制变量，回归结果发现均没有通过显著性检验，而且公司业绩的回归系数与之前的预期相反。主要是因为该样本组中超过70%的企业来自中小板和创业板，这些企业一般处于快速成长期，负债较高，净资产偏低，净资产收益率较低。但是这类企业有广阔的发展前景，员工是不愿意离开企业的，从而出现业绩差的公司离职率低的情况。该样本组中关于高管离职率的回归分析中，高管平均薪酬水平的回归系数为正，可能是因为中小企业的高管更倾向于非现金薪酬，例如股权等，他们更看重的是企业未来更高的收益。在非高管离职率与全体激励对象离职率的回归分析中，是否为高新技术企业的回归系数为正，可能是由于在高新技术企业中核心技术和核心业务人员（非高管）是稀缺的，他们有更多的选择外部工作的机会，离职的可能性就会越大。

10.4.3 稳健性检验

薪酬是影响员工主动离职的重要因素，Adams和Ferreira（2007）在研究组织中的分配公平问题时强调员工不仅关心薪酬绝对量，而且关心薪酬相对量。当员工认为其得到的薪酬不够公平、薪酬差距较大时，就会对工作产生不满，一个可能的后果就是离职。因此，薪酬差距可能会影响员工离职，从而影响上述实证结果的稳健性。为了检验本书结论的可靠性，用"薪酬差距"代替"现金薪酬水平"再次进行回归。本书采用非高管现金薪酬水平（NES）占高管现金薪酬水平（ES）的比率来衡量薪酬差距。回归结果显示，"再公告"与离职率之间的关系仍显著且方向不变，其他控制变量的回归系数方向也基本未变。综上所述，稳健性检验的结果表明，之前的实证结果是有效的。

10.5　本章小结

股权激励的目的之一是吸引和保留人才。然而，自从2008年的金融危机以来，国内外经济形势和证券市场发生了巨大变化，中国股市出现很大波动，许多公司的股票市价下挫，股票期权成了"水下期权"，限制性股票也失去了应有的价值。因此为了保留人才，部分公司撤销了原有的股权激励方案，"再公告"新的股权激励方案，调整了行权价。在市场竞争日益加剧的21世纪，人才是企业的核心竞争力，但是最新统计显示，2013年各行业的员工平均离职率达16.3%，人才的保留迫在眉睫。因此，一些公司在实施一个股权激励方案的同时会选择"再公告"，即实施第2甚至第3个股权激励方案，以期达到吸引、保留人才的目的。本研究利用了撤销原有股权激励方案公告实施新的方案或者连续公告实施两个或两个以上的股权激励方案来研究股权激励的吸引、保留人才作用。

本研究以2006年1月1日至2013年12月31日公告股权激励方案的上市公司为研究对象，采用配对样本 T 检验和多元线性回归方法，探讨了股权激励是否具有保留人才效应的问题。研究发现：

（1）在"再公告"当年、第1年、第2年和第3年，撤销后"再公告"样本的高管离职率均显著低于未"再公告"样本，而且"再公告"当年和第1年，"再公告"与离职率之间显著负相关，说明"再公告"能够有效降低高管的离职率。

（2）在"再公告"当年和第1年，未撤销"再公告"样本高管、非高管以及全体激励对象的离职率均显著低于只公告一次样本，而且"再公告"当年，"再公告"与离职率之间显著负相关，说明"再公告"能够有效降低激励对象的离职率。总之，股权激励的实施能够有效降低员工离职率，从而达到保留人才的目的。

本研究结论对实施股权激励公司的启示是：当股价下跌导致股权激

励方案失去价值时，公司应该选择撤销原有方案后"再公告"实施新的股权激励方案，以增强员工对公司的信心；在有可能的情况下，公司在实施一个股权激励方案的同时可以选择"再公告"，即连续实施多个股权激励方案，使员工对企业的发展建立起长久信心。以上做法都能够使企业利用股权激励机制达到吸引和保留人才的目的。

  本研究还存在一定的局限性。在我们统计的时间段内"再公告"公司仅有83家，筛选后减少至79家，样本观察值数量较少；此外，未撤销"再公告"样本中"再公告"时间主要集中在2012年以后，对于离职情况的分析最长仅为2年。因此本书的样本观察值有限，一定程度上可能会影响分析结论。未来对这一问题的深入研究还需要构造更大规模的样本进行更长时间跨度的检验。

参 考 文 献

[1] Murphy K. J. Corporate performance and managerial remuneration: an empirical analysis [J]. Journal of Accounting and Economics, 1985, 7 (13): 11 -42.

[2] Murphy K. J. Incentives, learning, and compensation: a theoretical and empirical investigation of managerial labor contracts [J]. Rand Journal of Economics, 1986, 17 (1): 59 -76.

[3] Jensen M. C. , Murphy K. J. Remuneration: where we've been, how we got to here, what are the problems, and how to fix them [J]. Social Science Electronic Publishing, 2004, 2 (5459): 122.

[4] Hall B. J. , Murphy K. J. The trouble with stock options [J]. Journal of Economic Perspectives, 2003, 17 (3): 49 -70.

[5] Conyon M. J. , Murphy K. J. The prince and the pauper? CEO pay in the United States and United Kingdom [J]. Economic Journal, 2000, 110 (467): 640 -671.

[6] Jensen M. C. , Murphy K . J. Performance pay and top-management incentives [J]. Journal of Political Economy, 1990, 98 (2): 225 -264.

[7] Murphy K. J. Stock-based pay in new economy firms [J]. Journal of Accounting and Economics, 2003, 34 (1): 129 -147.

[8] Steven Balsam, Huajing Chen, Srinivasan Sankaraguruswamy. Earnings management prior to stock option grants [J]. Ssrn Electronic Journal 2003.

[9] David Aboody, Ron Kasznik. CEO stock option awards and the timing of

corporate voluntary disclosures [J]. Journal of Accounting and Economics, 2000, 29 (1): 73 – 100.

[10] David Aboody, John Hughes, Jing Liu, et al. Are executive stock option exercises driven by private information [J]. Review of Accounting Studies, 2008, 13 (4): 551 – 570.

[11] David Aboody, Nicole Bastian Johnson, Ron Kasznik. Employee stock options and future firm performance: evidence from option repricings [J]. Journal of Accounting and Economics, 2010, 50 (1): 74 – 92.

[12] David Aboody, Ron Kasznik. Executive stock-based compensation and firms' cash payout: the role of shareholders' tax-related payout preferences [J]. Review of Accounting Studies, 2008, 13 (2/3): 216 – 251.

[13] David Yermack. Good timing CEO stock option awards and company news announcements [J]. Journal of Finance, 1997, 52 (2): 449 – 476.

[14] Keith Chauvin, Catherine Shenoy. Stock price decreases prior to executive stock option grants [J]. Journal of Corporate Finance, 2001, 7 (1): 53 – 76.

[15] Tjalling van der Goot. Is it timing or backdating of option grants [J]. International Review of Law and Economics, 2010, 30 (3): 209 – 217.

[16] Lie Erik. On the timing of CEO stock option awards. Management Science [J]. 2005, 51 (5): 802 – 812.

[17] Randall Heron, Erik Lie. Does backdating explain the stock price pattern around executive stock option grants [J]. Journal of Financial Economics, 2007, 82 (2): 271 – 295.

[18] Kenneth Carow, Randall Heron, Erik Lie, et al. Option grant backdating investigations and capital market discipline [J]. Social

Science Electronic Publshing, 2009, 15 (5): 562 – 572.

[19] Subramanian Narayanan, Chakraborty Atreya, Sheikh Shahbaz. Repricing and Executive Turnover [J]. Financial Review, 2007, 42 (1): 121 – 141.

[20] Narayanan M. P., Nejat Seyhun H. Do managers influence their pay: evidence from stock price reversals around executive option grants [C]. Social Science Electronic Publishing. Working Paper, 2005 (9).

[21] Jay Cai. Executive stock option exercises good timing or backdating [C]. Working Paper, 2006.

[22] Minnick Kristina, Zhao Mengxin. Backdating and director incentives money or reputation [J]. Journal of Financial Research, 2009, 32 (4): 449 – 477.

[23] Collins Daniel W., Gong Guojin, Li Haidan. Corporate governance and backdating of executive stock options [J]. Contemporary Accounting Research, 2009, 26 (2): 403 – 445.

[24] Liljeblom Eva, Pasternack Daniel. Share repurchases, dividends and executive options the effect of dividend protection [J]. European Financial Management, 2006, 12 (1): 7 – 28.

[25] Daniel A. Bens, Venky Nagar, Douglas J. Skinner, et al. Employee stock options, EPS dilution, and stock repurchases [J]. Journal of Accounting and Economics, 2003, 36 (1 – 3): 51 – 90.

[26] Coles J L, Daniel N D, Naveen L. Managerial incentives and risk-taking [J]. Journal of Financial Economics, 2006, 79 (2): 431 – 468.

[27] Ho-Young Lee. Corporate governance characteristics of firms backdating stock options [J]. Quarterly Journal of Finance & Accounting, 2010, 49 (1): 39 – 60.

[28] Lawrence D. Brown, Yen-Jung Lee. The relation between corporate

governance and CEOs' equity grants [J]. Accounting and Public Policy, 2010, 29 (6): 533 – 553.

[29] Bartov E., I. Krinsky, J. Lee. Evidence on how companies choose between dividends and open-market stock repurchases [J]. Journal of Applied Corporate Finance, 2010, 11 (1): 89 – 96.

[30] McAnally Mary Lea, Srivastava Anup, Weaver Connie D. Executive stock options, missed earnings targets, and earnings management [J]. Accounting Review, 2008, 83 (1): 185 – 216.

[31] Lucian A. Bebchuk, Yaniv Grinstein, Urs Peyer. Lucky CEOs and lucky directors [J]. Journal of Finance, 2010, 65 (6): 23 (3 – 240).

[32] Lucian A. Bebchuk, Fried Jesse M. Paying for long-term performance [J]. University of Pennsylvania Law Review, 2010, 158 (7): 1915 – 1959.

[33] Lucian A. Bebchuk, Yaniv Grinstein, Urs Peyer. Lucky directors [J]. Journal of Finance, 2006, 3 (3): 583 – 590.

[34] Lucian A. Bebchuk, Fried Jesse M. Pay without performance overview of the issues [J]. Journal of Corporation Law, 2005, 30 (4): 647 – 673.

[35] Lucian A. Bebchuk, Fried Jesse M. Executive compensation as an agency problem [J]. Journal of Economic Perspectives, 2003, 17 (3): 71 – 92.

[36] Lucian A. Bebchuk, Yaniv Grinstein, Urs Peyer. Lucky CEOs and lucky directors [J]. Journal of Finance, 2010, 65 (6): 2363 – 2401.

[37] Gennaro Bernile, Gregg A. Jarrellt. The impact of the options backdating scandal on shareholders [J]. Journal of Accounting and Economics, 2009, 47 (1 – 2): 2 – 26.

[38] Irfan Safdar. Stock option exercise, earnings management, and

abnormal stock returns [J]. Csrn Electronic Journal, 2003.

[39] Eli Bartov, Partha Mohanram. Private information, earnings manipulations, and executive stock-option exercises [J]. Accounting Review, 2004, 79 (4): 889 –920.

[40] Bartov E., Gul F. A., Tsui J. S. L. Discretionary accruals models and audit qualifications [J]. Journal of Accounting and Economics, 2000, 30 (3): 421 –452.

[41] Cheng Qiang, Lo Kin. Insider trading and voluntary disclosures [J]. Journal of Accounting Research, 2006, 44 (5): 815 –848.

[42] Qiang Cheng, Terry D. Warfield. Equity incentives and earnings management [J]. Accounting Review, 2005, 80 (2): 441 –476.

[43] Qiang Cheng, Farber David B. Earnings restatements, changes in CEO compensation, and firm performance [J]. Accounting Review, 2008, 83 (5): 1217 –1250.

[44] Marcia Millon Cornett, Alan J. Marcus, Hassan Tehranian. Corporate governance and pay-for-performance: the impact of earnings management [J]. Journal of Financial Economics, 87 (2): 357 –373.

[45] Kanagaretnam Kiridaran, Robert Mathieu, Ramachandran Ramanan. Stock option grants, current operating performance and deferral of earnings [J]. International Journal of Management, 2009, 26 (1): 26 –32.

[46] Yu Wei. Executive stock option exercises, insider information and earnings management [J]. Working Paper, 2004.

[47] Carpenter Jennifer N., Remmers Barbara. Executive stock option exercises and inside information [J]. Journal of Business, 2001, 74 (4): 513 –534.

[48] Joe. Jennifer, Henock Louis, Dahlia Robinson. Managers' and investors'responses to media exposure of board ineffectiveness [J]. Journal of Financial and Quantitative Analysis, 2009 (44):

579 - 605.

[49] Steven Huddarta, Mark Lang. Information distribution within firms evidence from stock option exercises [J]. Journal of Accounting and Economics, 2003 (34): 3 - 31.

[50] Laux Volker. On the benefits of allowing CEOs to time their stock option exercises [J]. Journal of Accounting and Economics, 2010, 41 (1): 118 - 138.

[51] Dan Dhaliwal, Merle Erickson, Shane Heitzman. Taxes and the backdating of stock option exercise dates [J]. Journal of Accounting and Economics, 2009, 47 (1 - 2): 27 - 49.

[52] Chidambaran N. K., Nagpurnanand R. Prabhala. Executive stock option repricing, internal governance mechanisms, and management turnover [J]. Journal of Financial Economics, 2003 (69): 153 - 189.

[53] Callaghan Sandra Renfro, Saly P. Jane, Subramaniam Chandra. The timing of option repricing [J]. Journal of Finance, 59 (4): 1651 - 1676.

[54] Grein Barbara M., Hand John R., Klassen Kenneth J. Stock price reactions to the repricing of employee stock options [J]. Contemporary Accounting Research, 2005, 22 (4): 791 - 828.

[55] Kalpathy Swaminathan. Stock option repricing and its alternatives an empirical examination [J]. Journal of Financial and Quantitative Analysis, 2009, 44 (6): 1459 - 1487.

[56] George W. Fenn, Liang Nellie. Corporate payout policy and managerial stock incentives [J]. Journal of Financial Economics, 2001, 60 (1): 45 - 72.

[57] Brown Jeffrey R., Liang Nellie, Weisbenner Scott. Executive financial incentives and payout policy firm responses to the 2003 dividend tax cut [J]. Journal of Finance, 2007 (4): 1935 - 1965.

[58] Cuny Charles J., Martin Gerald S., Puthenpurackal John J. Stock options and total payout [J]. Journal of Financial and Quantitative Analysis, 2009, 44 (2): 391 – 410.

[59] Ming-Cheng Wu. Impact of dividend-protected employee stock options on payout policies evidence from Taiwan [J]. Pacific Economic Review, 2008, 13 (4): 431 – 452.

[60] Bhattacharyya Nalinaksha, Mawani Amin, Morrill Cameron. Dividend payout and executive compensation theory and evidence [J]. Accounting and Finance, 2008, 48 (4): 521 – 541.

[61] Richard A. Lambert, William N. Lanen, David F. Larcker. Executive stock option plans and corporate dividend policy [J]. Journal of Financial and Quantitative Analysis, 1989, 24 (4): 409 – 425.

[62] Richard A. Lambert, David F. Larcker, Keith Weigelt. The structure of organizational incentives [J]. Administrative Science Quarterly, 1993, 38 (3): 438 – 461.

[63] Ittner C. D., Richard A. Lambert., Darivd F. Larcker. The structure and performance consequences of equity grants to employees of new economy firms [J]. Journal of Accounting and Economics, 2003, 34 (1): 89 – 127.

[64] Kathleen M. Kahle. When a buyback isn't a buyback open market repurchases and employee options [J]. Journal of Financial Economics, 2002, 63 (2): 235 – 261.

[65] Paul Hribar, Nicole Thorne Jenkins, Bruce Johnson W. Stock repurchases as an earnings management device [J]. Journal of Accounting and Economics, 2006, 41 (1 – 2): 3 – 27.

[66] Balachandran Balasingham, Chalmers Keryn, Haman Janto. On-market share buybacks, exercisable share options and earnings management [J]. Accounting and Finance, 2008, 48 (1): 25 – 49.

[67] Sang-gyung Jun, Mookwon Jung, Ralph A. Walkling. Share repurchase, executive options and wealth changes to stockholders and bondholders [J]. Journal of Corporate Finance, 2009, 15 (2): 212–229.

[68] Paul A. Griffin, Ning Zhu. Accounting rules stock buybacks and stock options additional evidence [J]. Journal of Contemporary Accounting and Economics, 2010, 6 (1): 1–17.

[69] Baker Terry A., Collins Denton L., Reitenga Austin L. Incentives and opportunities to manage earnings around option grants [J]. Contemporary Accounting Research, 2009, 26 (3): 649–672.

[70] Baker, T., Collins D., Reitenga A. Stock option compensation and earnings management incentives [J]. Journal of Accounting, Auditing and Finance, 2003, 18 (4): 557–582.

[71] Randolph-Williams, Erin. The changing role of the compensation committee five areas compensation committees should be addressing in 2010 and Beyond [J]. Benefits Law Journal, 2010, 23 (2): 17–27.

[72] Sun Jerry, Cahan Steven. The effect of compensation committee quality on the association between CEO cash compensation and accounting performance [J]. Corporate Governance An International Review, 2009, 17 (2): 193–207.

[73] Jerry Sun, Teven F. Cahan, David Emanuel. Compensation committee governance quality, chief executive officer stock option grants, and future firm performance [J]. Journal of Banking and Finance, 2009, 33 (8): 1507–1519.

[74] Warren Boeker. Power and managerial dismissal: scapegoating at the top [J]. Administrative Science Quarterly, 1992, 37 (3): 400–421.

[75] Otten J. A., Heugens P. The managerial power theory of executive

pay: A cross-national test and extension [J]. Academy of Management Best Paper Proceedings, 2008 (1): 1 –6.

[76] Marc van Essen, Jordan Otten, Edward J. Carberry. Assessing managerial power theory a meta-analytic approach to understanding the determinants of CEO compensation [J]. Journal of Management, 2015, 41 (1): 164 –202.

[77] Edward J. Carberry. Executive stock options after Enron theorizing managerial power within institutional environments [J]. Academy of Management Annual Meeting Proceedings, 2009 (1): 1 –6.

[78] Michael Faulkender, Jun Yang. Inside the black box: the role and composition of compensation peer groups [J]. Journal of Financial Economics, 2007, 96 (2): 257 –270.

[79] Jing Chen, Mahmoud Ezzamel, Ziming Cai. Managerial power theory, tournament theory, and executive pay in China [J]. Journal of Corporate Finance, 2011, 17 (4): 1176 –1199.

[80] Dennis A, Gioia, Henry P, et al. Perceptions of managerial power as a consequence of managerial behavior and reputation [J]. Journal of Management, 1983, 9 (1): 7 –26.

[81] Bing-Xuan Lin, Rui Lu. Managerial power, compensation gap and firm performance: evidence from chinese public listed companies [J]. Global Finance Journal, 2009, 20 (2).

[82] David L. Ikenberry, Graeme Rankine, Earl K. Stice. What do stock splits really signal? [J] Journal of Financial and Quantitative Analysis, 1996, 31 (3): 357 –375.

[83] Hemang Desai, Prem C. Jain. 1997. Long-run common stock returns following stock splits and reverse splits [J]. Journal of Business, 1997, 70 (3): 409 –433.

[84] Jensen M. C. Agency costs of free cash flow, corporate finance, and takeovers [J]. The American Economic Review, 1986, 76 (2):

323-329.

[85] David C. Cicero. The manipulation of executive stock option exercise strategies: information timing and backdating [J]. Journal of Finance, 2009, 64 (6).

[86] Michael B. Dorff. Does one hand wash the other? Testing the managerial power and optimal contracting theories of executive compensation [J]. Journal of Corporation Law, 2005, 30 (2): 255-307.

[87] Finkelstein S., Power in top management teams: dimensions, measurement, and validation [J]. Academy of Management Journal, 1992 (35): 505-538.

[88] Randall Morck, Bernard Yeung, Wayne Yu. The information content of stock markets: why do emerging markets have synchronous stock price movements? [J]. Journal of Financial Economics, 2000 (58): 1-2.

[89] Morck, Randall, Andrei Shleifer, Robert Vishny. Management ownership and firm valuation [J]. Journal of Financial Economics, 1988, 20 (23): 293-315.

[90] Bing Xuan Lin, Rui Lu. Managerial power, compensation gap and firm performance: evidence from chinese public listed companies [J]. Global Finance Journal, 2009, 20 (2): 153-164.

[91] Bergstresser D., Philippon. T. CEO incentives and earnings management [J]. Journal of Financial Economics, 2006, 80 (3): 511-529.

[92] Buck T., Bruce A., Main B. G. M., Udueni H. Long term incentive plans, executive pay and UK company performance [J]. Journal of Management Studies, 2003, 40 (7): 1709-1727.

[93] Cohen, D. A., Dey A., Lys. T. Z. Real and accrual-based earnings management in the pre-and post-sarbanes-oxley periods [J].

Accounting Review, 2008, 83 (3): 757 – 787.

[94] Cohen D. A., Zarowin. P. Accrual-based and real earnings management activities around seasoned equity offerings [J]. Journal of Accounting and Economics, 2010, 50 (1): 2 – 19.

[95] Conyon M. J., Peck S. I., Read L. E., et al. The structure of executive compensation contracts: UK evidence [J]. Long Range Planning, 2000, 33 (4): 478 – 503.

[96] Gao P. J., Shrieves R. Earnings management and executive compensation: a case of overdose of option and underdose of salary? [J]. Ssorn Electronic Journal, 2002.

[97] Gaver J., Gaver K. M., Austin J. R. Additional evidence on bonus plans and Income management [J]. Journal of Accounting and Economics, 1995, 19 (1): 3 – 28.

[98] Graham J. R., Harvey C. R., Rajgopal S. The economic implications of corporate financial reporting [J]. Journal of Accounting and Economics, 2005, 40 (1 – 3): 3 – 73.

[99] Guay W., Kothari S. P., Watts R. A market-based evaluation of discretionary accrual models [J]. Journal of Accounting Research, 1996, 34 (Supplement): 83 – 105.

[100] John E. Core, Wayne R. Guay. Stock option plans for non-executive employees [J]. Journal of Financial Economics, 2001, 61 (2): 253 – 287.

[101] Jensen M. C. Paying people to lie the truth about the budgeting process [J]. European Financial Management, 2003, 9 (3): 379 – 406.

[102] Fama Eugene, Michael Jensen. Separation of ownership and control [J]. Journal of Law and Economics, 1983, 26 (2): 301 – 325.

[103] Roychowdhury S. Earnings management through real activities manipulation [J]. Journal of Accounting and Economics, 2006, 42 (3): 335 – 370.

[104] Bryan S., Hwang L. S., Lilien S. CEO stock-based compensation: an empirical analysis of incentive-intensity, relative mix, and economic determinants [J]. Journal of Business, 2000, 73 (4): 661-693.

[105] Chang X., Fu K., Low A., et al. Non-executive employee stock options and corporate innovation [J]. Journal of Financial Economics, 2015, 115 (1): 168-188.

[106] Dodonova A., Khoroshilov Y. Optimal incentive contracts for loss-averse managers: stock options versus restricted stock grants [J]. Financial Review, 2006, 41 (4): 451-482.

[107] Devers, Cynthia E., McNamara Gerry, et al. Moving closer to the action examining compensation design effects on firm risk [J]. Organization Science, 2008, 19 (4): 548-566.

[108] Dechow P. M., Sloan R. G. Executive incentives and the horizon problem: an empirical investigation [J]. Journal of Accounting and Economics, 1991, 14 (1): 51-89.

[109] Gerald A., Feltham Martin G, Wu. H. Incentive efficiency of stock versus options [J]. Review of Accounting Studies, 2001, 28 (6): 7-28.

[110] James H. Irving, Wayne R. Andsman, Bradley P. Lindsey. The valuation differences between stock option and restricted stock grants for US firms [J]. Journal of Business Finance and Accounting, 2011, 38 (3) and (4): 395-412.

[111] Kadan, Ohad, Swinkels, et al. Stocks or options moral hazard, firm viability, and the design of compensation contracts [J]. Review of Financial Studies, 2008, 21 (1): 451-482.

[112] Lazear E. P. Output-based pay: incentives, retention or sorting? [J]. Social Science Electronic Publshing, 2003, 23104): 1-25.

[113] Lim, Elizabeth N. K. The role of reference point in CEO restricted

stock and its impact on R&D intensity in high-technology firms [J]. Strategic Management Journal, 2015, 36 (6): 872 – 889.

[114] Low A. Managerial risk-taking behavior and equity-based compensation [J]. Journal of Financial Economics, 2009, 92 (3): 470 – 490.

[115] Myers, S. C., Majluf N. S. Corporate financing and investment decisions when firms have information that investors do not have [J]. Journal of Financial Economics, 1984, 13 (2): 187 – 221.

[116] Oyer Paul. Why do firms use incentives that have no incentive effects [J]. Journal of Finance, 2004, 59 (4): 1619 – 1649.

[117] Oyer, Paul, Schaefer S. Why do some firms give stock options to all employees: an empirical examination of alternative theories [J]. Journal of Financial Economics, 2005, 76 (1): 99 – 133.

[118] Pinto, Helena, Widdicks, et al. Do compensation plans with performance targets provide better incentives [J]. Journal of Corporate Finance, 2014, 29: 662 – 694.

[119] Sheikh S. Do CEO compensation incentives affect firm innovation? [J]. Review of Accounting and Finance, 2012, 11 (1): 4 – 39.

[120] Stoughton, Neal M., Kit Pong Wong. Option compensation and industry competition [J]. Review of Finance, 2009, 13 (1): 147 – 180.

[121] Williams, Mellisa A., Rao, et al. CEO stock options and equity risk incentives [J]. Journal of Business Finance and Accounting, 2006, 33 (1 – 2): 26 – 44.

[122] Wu J., Tu R. 2007. CEO stock option pay and R&D spending: a behavioral agency explanation [J]. Journal of Business Research, 2007, 60 (5):482 – 492.

[123] Xue Y. Make or buy new technology: the role of CEO compensation contract in a firm's route to innovation [J]. Review of Accounting

Studies, 2007, 12 (4): 659 - 690.

[124] Yan Wu. Optimal executive compensation stock options or restricted stocks [J]. International Review of Economics and Finance, 2011, 20 (4): 633 - 644.

[125] Beneish M., Vargus M. Insider trading, earnings quality, and accrual mispricing [J]. Accounting Review, 2002 (77): 755 - 791.

[126] Barton J., Simko, P. The balance sheet as an earnings management constraint [J]. Accounting Review, 2002, 77 (4): 1 - 27.

[127] Baron R. M., Kenny D. A. The moderator-mediator variable distinction in social psychological research: Conceptual, strategic and statistical considerations [J]. Journal of Personality and Social Psychology, 1986 (51): 1173 - 1182.

[128] Dyck Alexander, Luigi Zingales. Private benefits of control: an international comparison [J]. Journal of Finance, 2004 (59): 537 - 600.

[129] Dyck Alexander, Natalya Volchkova, Luigi Zingales. The corporate governance role of the media: evidence from russia [J]. Journal of Finance, 2008, 63 (3): 1093 - 1135.

[130] Dyck Alexander, Luigi Zingales. The media and asset prices [R]. Harvard University, University of Chicago. Working Paper, 2003.

[131] Miller Greg. The press as a watching for accounting fraud [J]. Journal of Accounting Research, 2006 (44): 1001 - 1033.

[132] Fama, Eugene F. Agency problems and theory of the firm [J]. Journal of Political Economy, 1980, 88 (2): 288 - 307.

[133] Lily Fang, Joel Peress. Media coverage and the cross-section of stock returns [J]. Journal of Finance, 2009 (5): 2023 - 2052.

[134] Stuart Gillan. Recent developments in corporate governance: an overview [J]. Journal of Corporate Finance, 2006 (12): 381 - 402.

[135] Kahan, Marcel, Edward Rock. Hedge funds in corporate governance and corporate control [N]. Institute for Law and Economic Research Paper, 2006: 6 – 16.

[136] Bang Dang Nguyen. Is more news good news? media coverage of CEOs, firm value, and rent extraction [R]. University of Cambridge. Working paper, 2011.

[137] Mullainathan, Sendhil, Shleifer, et al. The market for news [J]. American Economic Review, 2005, 95 (4): 1031 – 1053.

[138] Gur Huberman, Tomer Regev. Contagious speculation and a cure for cancer: a nonevent that made stock prices soar [J]. Journal of Finance, 2001, 56 (1): 387 – 396.

[139] Merton, Robert C. A simple model of capital market equilibrium with incomplete information [J]. Journal of Finance, 1987, 42 (3): 483 – 510.

[140] Lang Larry, René Stulz. Tobin's Q, corporate diversification, and firm performance [J]. Journal of Political Economy, 1994, 102 (6): 1248 – 1280.

[141] Yermack David. Higher market valuation of companies with a small board of directors [J]. Journal of Financial Economics, 1996, 40 (2): 185 – 211.

[142] Gompers Paul, Joy Ishii, Andrew Metrick. Corporate governance and equity prices [J]. Quarterly Journal of Economics, 2003 (2): 118 (1): 107 – 155.

[143] Mehran H., Taggart R. A., Yermack D. CEO ownership, leasing, and debt financing [J]. Social Science Electronic Publishing, 1999, 28 (2): 5 – 14.

[144] Chen M. A. Executive option repricing, incentives, and retention [J]. Journal of Finance, 2004, 59 (3): 1167 – 1200.

[145] Subramanian N., Chakraborty A., Sheikh S. Repricing and executive

turnover [J]. Financial Review, 2007, 42 (1): 121 –141.

[146] Lynch L. J. , Carter M. E. The effect of stock option repricing on employee turnover [J]. Journal of Accounting and Economics, 2004, 37 (1): 91 –112.

[147] Pierce J. L. , Rubenfeld S. A. , Morgan S. Employee ownership: a conceptual model of process and effects [J]. Academy of Management Review, 1991, 16 (1): 121 –144.

[148] Furby L. Understanding the psychology of possession and ownership: a personal memoir and an appraisal of our progress [J]. Journal of Social Behavior and Personality, 1991, 6 (6): 457 –463.

[149] Rousseau D. M. , Shperg Zipi. Pieces of the action: ownership and the changing employment relationship [J]. Academy of Management Review, 2003, 28 (4): 553 –570.

[150] Fritz Heider. The psychology of interpersonal relations [M]. New York: Wiley, 1958: 192 –240.

[151] Weiner B. Research on motivation in education [M]. Orlando: Academic Press, 1984: 28 –31.

[152] Price J. L. Reflections on the determinants of voluntary turnover [J]. Journal of International Manpower, 2001, 22 (7): 600 –624.

[153] Warner J. B. , Watts R. L. , Wruck K. H. Stock prices and top management changes [J]. Journal of Financial Economics, 1988 (20): 461 –492.

[154] Denis D. J. , Sarin A. Ownership and board structures in publicly traded corporations [J]. Journal of Financial Economic, 1999, 52 (2): 187 –223.

[155] James D. R. , Soref M. Profit constraints on managerial autonomy: managerial theory and the unmaking of the corporation president [J]. American Sociological Review, 1981, 46 (1): 1 –18.

[156] Adams R. B. , Ferreira D. A theory of friendly boards [J]. Journal of

Finance, 2007, 62 (1): 217 – 250.

[157] 何凡. 股权激励制度与盈余管理程度——基于中国上市公司的经验证据 [J]. 中南财经政法大学学报, 2010 (2): 135 – 140.

[158] 罗玫, 陈运森. 建立薪酬激励机制会导致高管操纵利润吗? [J]. 中国会计评论, 2010 (3): 3 – 16.

[159] 耿照源, 邬咪娜, 高晓丽. 我国上市公司股权激励与盈余管理的实证研究 [J]. 统计与决策, 2009 (10): 141 – 143.

[160] 罗富碧, 冉茂盛, 张宗益. 股权激励——信息操纵与内部监控博弈分析 [J]. 系统工程学报, 2009 (6): 660 – 665.

[161] 冉茂盛, 罗富碧, 黄凌云. 股权激励实施中经营者信息披露策略的演化博弈分析 [J]. 管理工程学报, 2009 (1): 139 – 142.

[162] 熊海斌, 谢茂拾. 基于"规则性不当利益"的经理股票期权制度亟需改革 [J]. 管理世界, 2009 (9): 178 – 179.

[163] 陈千里. 股权激励、盈余操纵与国有股减持 [J]. 中山大学学报 (社会科学版), 2008 (1): 149 – 155.

[164] 赵息, 石延利, 张志勇. 管理层股权激励引发盈余管理的实证研究 [J]. 西安电子科技大学学报 (社会科学版), 2008 (5): 23 – 28.

[165] 陈亮. 基于激励的盈余管理问题研究 [J]. 财会通讯 (学术版), 2006 (7): 77 – 79.

[166] 王克敏, 王志超. 大股东控制、高管激励补偿与盈余管理 [J]. 管理世界, 2007 (7): 111 – 119.

[167] 李延喜, 包世泽, 高锐, 等. 薪酬激励、董事会监管与上市公司盈余管理 [J]. 南开管理评论, 2007, 10 (6): 55 – 61.

[168] 邹海峰. 股权激励制度与上市公司操纵行为 [C]. 2006 年第 12 届财务学年会.

[169] 韩丹, 闵亮, 陈婷. 管理层股权激励与上市公司会计造假相关性的实证检验 [J]. 统计与决策, 2007 (9): 69 – 72.

[170] 韩洪灵, 袁春生. 市场竞争、经理人激励与上市公司舞弊行

为——来自中国证监会处罚公告的经验证据 [J]. 经济理论与经济管理, 2007 (8): 57-62.

[171] 吴娓, 涂燕, 付强. 财务造假、盈余管理与管理层期权激励 [J]. 内蒙古社会科学 (汉文版), 2006, 27 (3): 72-75.

[172] 杨德明. 会计信息与经理人激励契约设计 [J]. 系统工程理论与实践, 2007 (4): 62-66.

[173] 王俊秋, 张奇峰. 信息透明度与经理薪酬契约有效性——来自中国证券市场的经验证据 [J]. 南开管理评论, 2009 (5): 94-100.

[174] 肖淑芳, 张超. 上市公司股权激励、行权价操纵与送转股 [J]. 管理科学, 2009 (6): 84-94.

[175] 肖淑芳, 张晨宇, 张超, 等. 股权激励计划公告前的盈余管理 [J]. 南开管理评论, 2009, 12 (4): 113-119.

[176] 肖淑芳, 付威. 股权激励能保留人才吗——基于再公告视角 [J]. 北京理工大学学报, 2016, 18 (1): 73-81.

[177] 肖淑芳, 喻梦颖. 股权激励与股利分配——来自中国上市公司的经验证据 [J]. 会计研究, 2002 (8): 49-57.

[178] 肖淑芳, 刘颖, 刘洋. 股票期权实施中经理人盈余管理行为研究——行权业绩考核指标设置角度 [J]. 会计研究, 2013 (12): 40-46.

[179] 夏立军. 国外盈余管理计量评述 [J]. 外国经济与管理, 2002, 24 (10): 35-40.

[180] 吕长江, 张海平. 股权激励计划对公司股利分配政策的影响 [J]. 管理世界, 2011 (11): 118-126.

[181] 娄贺统, 郑慧莲, 张海平, 等. 上市公司高管股权激励所得税规定与激励效用冲突分析 [J]. 财经研究, 2010 (9): 37-47.

[182] 吕长江, 赵宇恒. 国有企业管理者激励效应研究——基于管理者权力的解释 [J]. 管理世界, 2008 (11).

[183] 吕长江, 严明珠, 郑慧莲, 等. 为什么上市公司选择股权激励计

划 [J]. 会计研究, 2011, (1): 68-75.

[184] 吕长江, 郑慧莲, 严明珠, 等. 上市公司股权激励制度设计: 是激励还是福利? [J]. 管理世界, 2009 (9): 133-148.

[185] 杨慧辉, 葛文雷, 程安林. 股票期权激励计划的披露与经理的机会主义行为 [J]. 华东经济管理, 2009 (3): 117-123.

[186] 孙月静. 经营者机会主义行为与激励契约设计 [J]. 东北财经大学学报, 2009 (6): 100-104.

[187] 潘颖, 聂建平. 大股东利益侵占对股权激励实施效应的影响 [J]. 经济与管理, 2009 (1): 35-38.

[188] 季勇. 公司治理对股权激励方式选择的影响——基于中国资本市场的实证分析 [J]. 系统工程, 2010 (3): 26-32.

[189] 毕晓方. 会计盈余质量对业绩评价的影响研究 [J]. 经济问题探索, 2006 (7): 149-152.

[190] 刘燕. 机会主义行为、内容与表现形式的理论解析 [J]. 经济问题探索, 2006 (1): 17-21.

[191] 卢锐. 管理层权力、薪酬差距与绩效 [J]. 南方经济, 2007 (7): 60-70.

[192] 卢锐, 魏明海. 管理层权力、薪酬与业绩敏感性分析——来自中国上市公司的经验证据 [J]. 当代财经, 2008 (7).

[193] 权小锋, 吴世农, 文芳. 管理层权力、私有收益与薪酬操纵 [J]. 经济研究, 2010 (11): 73-87.

[194] 陈本凤, 周洋西, 宋增基. CEO权力、政治关联与银行业绩风险 [J]. 软科学, 2013, 27 (11): 22-26.

[195] 郭亚军. 综合评价理论、方法及拓展 [M]. 北京: 科学出版社, 2012.

[196] 杨雄胜, 臻黛. 企业综合评价指标体系研究 [J]. 财政研究, 1998, 17 (5): 39-46.

[197] 雷光勇, 李书锋, 王秀娟. 政治关联、审计师选择与公司价值 [J]. 管理世界, 2009 (7): 145-15.

[198] 刘慧龙, 张敏, 王亚平, 等. 政治关联、薪酬激励与员工配置效率 [J]. 经济研究, 2010 (9): 109-121.

[199] 何晓群. 多元统计分析 [M]. 北京: 中国人民大学出版社, 2004.

[200] 钱争鸣, 陈伟彦. 我国工业经济效益指标评价与主成分分析的实证研究 [J]. 统计研究, 1999 (7): 49-52.

[201] 白重恩, 刘俏, 陆洲, 等. 中国上市公司治理结构的实证研究 [J]. 经济研究, 2005 (2): 81-91.

[202] 王清刚, 胡亚军. 管理层权力与异常高管薪酬行为研究 [C]. 重庆: 中国会计学会 2011 年学术年会论文集, 2011.

[203] 陈震, 丁忠明. 基于管理层权力理论的垄断企业高管薪酬研究 [J]. 中国工业经济, 2011 (9): 119-129.

[204] 黎文靖, 胡玉明. 国企内部薪酬差距激励了谁? [J]. 经济研究, 2012 (12): 125-136.

[205] 黄婷艳. 管理权力对高管薪酬的影响——基于我国民营上市公司的实证研究 [D]. 成都: 西南财经大学, 2011.

[206] 权小锋, 吴世农. CEO 权力强度、信息披露质量与公司业绩的波动性——基于深交所上市公司的实证研究 [J]. 南开管理评论, 2010, 13 (4).

[207] 赵青华, 黄登仕. 高管权力、股票期权激励与公司业绩——基于中国上市公司的实证分析. 经济体制改革, 2011 (5): 125-129.

[208] 孙健, 卢闯. 高管权力、股权激励强度与市场反应 [J]. 中国软科学, 2012 (4): 135-142.

[209] 王烨, 叶玲, 盛明泉. 管理层权力、机会主义动机与股权激励计划设计 [J]. 会计研究, 2012 (10): 35-41.

[210] 龚永洪, 何凡. 高管层权力、股权薪酬差距与企业绩效研究 [J]. 南京农业大学学报 (社会科学版), 2013, 13 (1): 113-120.

[211] 支晓强,孙健,王永妍,等. 高管权力、行业竞争对股权激励方案模仿行为的影响 [J]. 中国软科学, 2014 (4): 111-125.

[212] 杨青,陈峰,陈洁. 我国上市公司CEO薪酬存在"幸运支付"吗——"揩油论"抑或"契约论" [J]. 金融研究, 2014 (4): 143-157.

[213] 王新,毛慧贞,李彦霖. 经理人权力、薪酬结构与企业业绩 [J]. 南开管理评论, 2015, 18 (1): 130-140.

[214] 曹开悦. 我国上市公司采取股权激励的影响因素分析 [J]. 财经界, 2007 (2): 108-109.

[215] 党红. 关于股改前后现金股利影响因素的实证研究. 会计研究, 2008 (6): 64-71.

[216] 何涛,陈小悦. 中国上市公司送股、转增行为动机初探 [J]. 金融研究, 2003 (9): 44-56.

[217] 伍德里奇. 计量经济学导论 [M]. 费建平,林相森,译. 北京: 中国人民大学出版社, 2003.

[218] 熊德华,刘力. 股利支付决策与迎合理论——基于中国上市公司的实证研究 [J]. 经济科学, 2007 (5): 24-29.

[219] 阎大颖. 中国上市公司控股股东价值取向对股利政策影响的实证研究 [J]. 南开经济研究, 2004 (6): 33-45.

[220] 易颜新,柯大钢,王平心. 我国上市公司股利分配决策的调查研究分析 [J]. 南开管理评论, 2008 (1): 48-57.

[221] 卢燕. 股票期权收入的个人所得税政策探讨 [J]. 涉外税务, 2009 (1).

[222] 张水泉,何秋仙. 我国上市公司股权激励的市场反应——基于税收效应的分析 [J]. 吉林大学社会科学学报, 2009 (9).

[223] 陈汉文,陈向民. 证券价格的事件性反应——方法、背景和基于中国证券市场的应用 [J]. 经济研究, 2003 (1).

[224] 林浚清,黄祖辉,孙永祥. 高管团队内薪酬差距——公司绩效和治理结构 [J]. 经济研究, 2003 (4).

[225] 李彬,张俊瑞. 真实活动盈余管理的经济后果研究——以费用操控为例 [J]. 华东经济管理, 2009 (2): 71-76.

[226] 张俊瑞,李彬,刘东霖. 真实活动操控的盈余管理研究——基于保盈动机的经验证据 [J]. 数理统计与管理, 2008, 27 (5): 918-927.

[227] 李增福,董志强,连玉君. 应计项目盈余管理还是真实活动盈余管理 [J]. 管理世界, 2011 (1): 121-133.

[228] 李增福,郑友环,连玉君. 股权再融资、盈余管理与上市公司业绩滑坡——基于应计项目操控与真实活动操控方式下的研究 [J]. 中国管理科学, 2011 (2): 49-56.

[229] 吴育辉,吴世农. 企业高管自利行为及其影响因素研究 [J]. 管理世界, 2010 (5): 141-149.

[230] 夏立军. 国外盈余管理计量评述 [J]. 外国经济与管理, 2002 (10): 35-40.

[231] 张俊瑞,李彬,刘东霖. 真实活动操控的盈余管理研究——基于保盈动机的经验证据 [J]. 数理统计与管理, 2008 (5): 918-927.

[232] 陈卓勇,吴晓波. 股权激励的不同类型及其运用 [J]. 改革, 2008 (3): 34-39.

[233] 李曜. 两种股权激励方式的特征、应用与证券市场反应的比较研究 [J]. 财贸经济, 2009 (2): 57-62.

[234] 刘浩,孙铮. 西方股权激励契约结构研究综述——兼论对中国上市公司股权激励制度的启示 [J]. 经济管理, 2009, 31 (4): 166-172.

[235] 刘玉,程东全,顾峰. 上市公司股票期权激励与公司风险的实证研究 [J]. 上海交通大学学报, 2013, 46 (9): 1516-1521.

[236] 吴育辉,吴世农. 企业高管自利行为及其影响因素研究——基于我国上市公司股权激励草案的证据 [J]. 管理世界, 2010 (5): 141-149.

[237] 徐宁. 上市公司股权激励模式的选择偏好及动态演化——来自中国上市公司的经验证据 [J]. 南京审计学院学报, 2012, 9 (6): 41-49.

[238] 叶陈刚, 刘桂春, 洪峰. 股权激励如何驱动企业研发支出——基于股权激励异质性的视角 [J]. 审计与经济研究, 2015 (3): 12-20.

[239] 赵祥功. 股权激励中股票期权与限制性股票方式的比较研究 [J]. 经济师, 2011 (1): 112-113.

[240] 周新军. 公司治理结构与媒体监督 [J]. 经济研究参考, 2003 (9): 42-49.

[241] 严晓宁. 媒体在上市公司治理中的角色和功能 [J]. 经济管理, 2008, 30 (9): 72-76.

[242] 李培功, 沈艺峰. 媒体的公司治理作用——中国的经验证据 [J]. 经济研究, 2010 (4): 14-27.

[243] 李建标, 张斌, 李朝阳. 媒体监督与公司治理: 一个理论模型 [J]. 郑州大学学报, 2010, 43 (3): 75-78.

[244] 贺建刚, 魏明海, 刘峰. 利益输送、媒体监督与公司治理: 五粮液案例研究 [J]. 管理世界, 2008 (10): 141-164.

[245] 章六红. 公司治理尤需媒体公器 [J]. 董事会, 2010 (6): 90-91.

[246] 饶育蕾, 王攀. 媒体关注度对新股表现的影响——来自中国股票市场的证据 [J]. 财务与金融, 2010 (3): 1-7.

[247] 郑涛. 媒体报道与资本市场发展 [D]. 成都: 西南财经大学, 2010.

[248] 饶育蕾, 彭叠峰, 成大超. 媒体注意力会引起股票的异常收益吗——来自中国股票市场的经验研究 [J]. 系统工程理论与实践, 2010, 30 (2): 287-297.

[249] 宗文龙, 王玉涛, 魏紫. 股权激励能留住高管吗? 基于中国证券市场的经验证据 [J]. 会计研究, 2003 (9): 58-63.

［250］窦胜功，张兰霞，卢纪华. 组织行为学教程［M］. 北京：清华大学出版社，2005.

［251］步丹璐，白晓丹. 员工薪酬、薪酬差距和员工离职［J］. 中国经济问题，2013（1）：100－108.

［252］曹廷求，张光利. 上市公司高管辞职的动机和效果检验［J］. 经济研究，2012（6）：73－87.